图绘明治开国

一个法国画家记录的明治中期职业

[日] 清水勋 著
蓝春蕾 译

世界知识出版社
北京 · 2021

图书在版编目（CIP）数据

图绘明治开国：一个法国画家记录的明治中期职业 /（日）清水勋著；蓝春蕾译. —北京：世界知识出版社，2020. 6
（沧海集）
ISBN 978-7-5012-6253-3

Ⅰ. ①图… Ⅱ. ①清… ②蓝… Ⅲ. ①职业—史料—日本—明治时代 Ⅳ. ①D731.382

中国版本图书馆CIP数据核字（2020）第102416号

图字：01-2020-2871 号

书　　名	图绘明治开国：一个法国画家记录的明治中期职业 Tuhui Mingzhi Kaiguo:Yige Faguo Huajia Jilu de Mingzhi Zhongqi Zhiye
作　　者	[日] 清水勋
译　　者	蓝春蕾
责任编辑	刘　喆
责任出版	赵　玥
责任校对	张　琨
选题策划	欧阳博
出版发行	世界知识出版社
地址邮编	北京市东城区干面胡同51号（100010）
网　　址	www.ishizhi.cn
电　　话	010-65265923　010-57735441
经　　销	新华书店
印　　刷	北京盛通印刷股份有限公司
开本印张	880mm × 1230mm　1/32　9.25印张
字　　数	176千字　119幅图
版次印次	2021年8月第一版　2021年8月第一次印刷
标准书号	ISBN 978-7-5012-6253-3
原版书号	ISBN 978-4-06-291933-3
定　　价	60.00元

◇序　言◇

1821 年至 1824 年，石版画《巴黎图鉴》（*Tableau de Paris*）系列在巴黎出版，每卷包括让－亨利·马莱（Jean-Henri Marlet）绘制的六幅石版画和一篇内容解读。1979 年，现代历史学家纪尧姆·德·贝尔捷·德·索维尼（Guillaume de Bertier de Sauvigny）在此基础上新加入注释，以“巴尔扎克时期的日常生活”为副标题，将所有画作合并为一本书。1984 年，此书经鹿岛茂翻译后，由新评论出版社出版。

书中展现了 19 世纪前半叶巴黎以至法国的社会图景，知识性极强。此前几乎没有这类有趣的书籍。马莱的画多少有些生硬，但画面写实、笔触细腻，画中人物清晰、场景翔实，极具参考价值。更何况历史学家索维尼的解读条理清晰，引人入胜。

比如，当图上画着不识字的擦鞋匠拿着报纸等候客人时，他便会解说道：“擦鞋匠一般会在擦鞋过程中把报纸递给客人。”如此一来，读者便明白了。又比如，对于经常买墨水的代笔人，他的说明是：“没有人会尊敬代笔人，他们大部分都是被机关和公司辞退的。”

法国已经具备了石版画技术，因此也出版了好几本这种通过职业状况与街景一角来描述风俗文化和世间万象主题的书。1860 年在巴黎出生的乔治・费迪南・比戈（Georges Ferdinand Bigot）自然也阅读过。他前往日本不久后，于 1883 年（明治十六年）至 1886 年（明治十九年）出版了石版木版画集《早晨》、铜版木版画集《早上好》和《再见》、铜版画集《日本速写》。从画集描绘的主题便能很明显地看出法国石版画集对他的影响,其中他对职业情况尤为关注,相关作品也多。1883 年出版的《早晨》中，绘有人力车夫、荞麦面店的送餐店员、单口相声演员、射箭场拾箭女子、艺伎、修葺房顶的工匠、卖报人、中介人、和服衣料商、相扑选手、行商、女佣等许多职业。同样于 1883 年出版的《早上好》描绘的也全都是各个职业的内容，化缘的僧人、理发师、卖艺女子、药商、将校、邮递员等几乎所有职业都有所涉及。

比戈的讽刺画中也出现了各种各样的职业。在杂志《鸟羽绘》（*TÔBAÉ*）中，比戈讽刺的对象不仅限于政治家、警察和富人，他在描绘现代社会新出现的职业时多少也掺杂了一些讽刺的意味。比如基督教的牧师、摄影师、西装行业从业者，甚至还能看到公共马车的车夫和乘务长等在照片和绘画作品中很少记录的劳动者。

在明治时期中期，摄影技术还不发达，画家记录下来的内容尤为重要。比戈笔下的职业从底层社会到上流社会都有，无论是乞丐还是贵族，几乎涵盖了所有的职业。因此，我想对比戈笔下的职业进行分类和分析，借此来讲述明治这个时代，特别是他所处的明治时期中期，究竟有着怎样的时代特征和社会氛围。

本书为拙作《比戈看日本人》《比戈看明治时期的日本》之后介绍比戈的第三本书。比戈见证了自由民权运动、鹿鸣馆开馆、宪法颁布、国会成立、中日甲午战争、废除不平等条约、废除居留地等历史事件。他笔下的每个职业都为近代化进程中日本的富国强兵作出了贡献，其中包括占比不足 1% 的上流阶级、占比不到 10% 的中产阶级和几乎占 90% 的底层国民。我将通过“职业”这一关键词展示明治社会的真实面貌。

清水勋

2008 年 12 月 1 日

◇目　录◇

第一章

拥有一技之长的人

——底层中的上流阶级

从表 1 中可以看出，明治六年（1873 年）的人口有 3000 余万人。人口数量逐年增长，到明治末年已有 5000 万人。江户时期的社会与产业结构最多也就只能养活 3000 万人，但由于近代化催生了新的产业，教育和医疗也得到发展，人口便得到了增长。从事第一产业（农林水产业）的人数在整个明治时期继续保持在 1400 余万人，但人口增长导致这一群体占比逐渐减少。比如在明治十三年（1880 年），第一产业从业者就业人口占比超过 82%，到明治三十三年（1900 年），这一比例减少至不到 70%。与此同时，工商业与服务业的从业人数逐渐增加。

从表 1 中可以看出，明治时期社会的人口约由 0.01% 的贵族、5% 的士族、1% 的宗教人士和 94% 的平民构成。其中，预计 80% 的平民家庭从事与第一产业相关的工作。另外，在幕藩体制下，寺院通过实行宗门改账等制度，成为对民众进行终生管理的组织，导致僧侣数量比预想中要多。

能够明显表现出明治时期贫富差距的事物便是火车的车厢了。从比戈于明治三十二年（1899 年）出版的画集《东京至神户的铁路》中可以看出，客车的车厢分为一等、二等和三等，目标客户群体各不相同。一等车厢面向贵族等上流阶级，二等车厢面向富商、大店掌柜、高级官吏、高级将校、放高利贷的商人、高僧、外国人等中产阶级，而乘坐三等车厢的便是所谓社会底层的平民大众。所以，三等车厢的乘客数量最多。列车就像社会的缩影，由此可见，明治社会由不到 1% 的上流阶级、10% 左右的中产阶级和 90% 的底层阶级构成。

在底层阶级中，有一些拥有一技之长的人，他们的生活比较稳定。这些人的工作大多与推动文明开化运动和社会近代化相关，比如报刊记者、摄影师、西装行业从业者、鞋业从业者、传教士、在居留地的旅馆工作的侍者、调酒师、外国人宅邸的厨师及用人、翻译、马车夫等。还有一些从事传统职业的人，他们在明治社会中依然可以发挥一技之长，用以保障生活，比如古董商、掌柜、相扑选手、假发师、演员、园丁、妓院经营者等。从事这些职业的人由于技术和能力存在差异，招揽到的客人数量也不尽相同。因此，同种职业之中收入自然也有等级划分。

高桥干夫在《江户经商图谱》中介绍了 200 多种江户时期的职业和行业，其中大部分在明治时期应该也存在，但比戈所见的可能有限。他的视野更倾向于日本近代受西方影响后产生的职业，其中大多数都属于底层人民中的上流阶级。即便如此，由于他原本就信奉写实主义，自然也会对描绘社会底层人民的工作状态产生兴趣，而这部分人便属于底层人民中的中层或者更底层。

因此，比戈笔下明治社会的职业比例便相对均衡。

本章中介绍的职业大多在现代化进程中产生，比如能够很大程度上影响国家和社会的报刊记者等。大部分职业都需要从业者具备一定的能力才能生存。另外，从事和外国人打交道的职业（古董商、鞋业从业者等）以及受雇于外国人的职业（旅馆的工作人员、外国人宅邸的用人等），需要提高外语能力才能赢取信任，提高收入。

本章将不包括女性的职业、运输行业从业者（人力车夫、马车夫等）和公务员。可能有人认为除上层公务员以外的人都属于底层阶级，但由于这三类职业分别具备“男权社会下的弱者”“追求速度的近代交通运输人员”“在底层支撑国家运转的精英”的特征，我将单独分章节介绍。

比戈笔下属于“底层中的上流阶级”的其他职业还包括翻译〔明治三十二年（1899年）画集《妓女的一天》中记载〕、妓院经营者（见《妓女的一天》）、园丁〔明治十七年（1884年）画集《再见》中记载〕等。翻译是新时代中需求较高的职业，他们在与外国人的贸易往来和旅游观光业中都有一定作用，成为公务员进入外交领域也能保障生活的稳定。妓院经营者可能会因为妓院规模的不同在收入上存在一定的差异，但由于妓院是大城市必不可少的，中小妓院的经营者也足以养活自己。园丁的主顾基本上是中产阶级和下层中的上流阶级，只要能留住中产阶级的客人，生活便会富裕起来。因此，他们需要一定的技术和才能。

表 1　明治六年（1873 年）人口普查统计数据

	男	女	合　计	比例 (%)	户　主
皇　族	13	15	28	0.000	12[①]
华　族	1387	1442	2829	0.008	485
士　族	767771	780797	1548568	4.650	327267
卒[②]	173654	170227	343881	1.033	81556
地士[③]	1742	1638	3380	0.010	644
僧	148807	58862	207669	0.624	73875
旧神宫	38720	37399	76119	0.229	15490
尼　姑	—	9326	9326	0.028	5632
平　民	15758479	15348035	31106514	93.411	6561914
库页岛居　民	1155	1203	2358	0.007	—
合　计	16891728	16408944	33300672	100	—

选自《近代史指南》（吉川弘文馆2007年出版）。

注：在明治十七年（1884 年）一月日本内务省户籍局的汇报中，皇族有 35 人，华族有 3253 人，士族有 1930112 人，平民有 35078564 人。

① 男性 8 人，女性 4 人。

② 对低级武士的称呼，也称卒族。之后这一分类废除，明治五年（1872年）时属于世袭的武士编入士族，仅限一代的武士编入平民。

③ 以前与朝廷有关联的人。

◇ 传教士 ◇

图中描绘了明治时期基督教传教士在东京九段的街头进行传教活动的场景。基督教的传教活动兴盛到传教士中都出现了日本人。图中描绘了传教士传教的过程，围观人群对此困惑不已，报以好奇的目光，景象十分有趣。就连僧侣也听得入神，似乎完全没有产生敌对宗教出现的危机意识。明治二十年（1887 年）基督教的发展情况如下：新教教会共 169 座，信徒 21329 人；循道宗教会 83 座，信徒 5879 人；浸礼宗教会 13 座，信徒 1153 人。教会共计 265 座，信徒共有 28361 人。此后，信徒数量每年增加 1000 人以上，到大正九年（1920 年）已达到 66670 人。基督教在明治、大正时期的传教活动获得成功的原因在于，外国传教士首先针对士族进行传教，将他们培养成传教士。图中的男子应该就是这类士族。近处穿着西装的男子颇有精英的派头，后面穿着和服的人都是普通平民。人们似乎完全不理解手持圣经宣讲的男子在说什么，大家渐渐都离开了。这幅画记录了日本本土传教士早期传教的场景，极具历史价值。

东京九段广场的新鲜事。在露天宣讲圣经的传教士行为举止夸张，不停踩踏地面，高声叫喊。听众以为他是魔术师之类的人，焦急地等待其一展才艺，但他只会大喊大叫，听众便纷纷离去了。

图 1　传教士

《鸟羽绘》明治二十一年（1888 年）十二月一日第 44 期

◇ 报刊记者 ◇

图中描绘了自由民权运动末期的报刊记者。他们在《新闻纸条例》下受到严密的监视，遭到治安警察粗暴对待。从明治六年（1873 年）的《新闻纸条目》（禁止群体诽谤、政治批评等）开始，到明治八年（1875 年）的《新闻纸条例》（颁布发行许可制度，明确规定所有人、结社人、编者、作者、印刷者法律责任等），再到明治十六年（1883 年）修正后的《新闻纸条例》（法律责任范围扩大，禁止准备临时替代性报纸，新增禁止刊登外交官及陆军海军长官相关新闻的条例等），言论管制逐渐加强。

在明治二十年（1887 年）八月一日发行的《日本邮件》上，刊载了一篇名为《当今日本的一流人物》的文章。其中报刊记者的部分列举了福地源一郎（《东京日日新闻》）、福泽谕吉（《时事新报》）、末广铁肠（《朝野新闻》）、矢野龙溪（《邮政通知报》）、岛田三郎（《横滨每日新闻》）等名字，他们都是脱离藩阀的旧幕臣。

这幅画发表后的次月月底（十二月二十六日），《保安条例》命令日本官报号外公布的 570 名危险人物于 3 天内远离皇居 3

公里。尾崎行雄、星亨、林有造、片冈健吉、中岛信行、中江笃介（兆民）都包括在内。

现代日本——一句话也写不了，否则……（日本传媒）

图 2　报刊记者

《鸟羽绘》明治二十年（1887 年）十一月一日第 18 期

◇ 摄影师 ◇

明治二十一年（1888 年）七月十五日，听到福岛县磐梯山火山爆发的消息，比戈作为《图画报》和《世界画报》的记者前往采访，并在那里看到了摄影师的身影。他敏锐地感受到照片的时代即将到来，便加入了日本摄影协会，用照片作为报道图像的素材。他第一次用相机取材是在明治二十四年（1891 年）十月二十八日浓尾大地震的时候。

摄影师这一职业于幕末时期出现，其鼻祖为长崎的上野彦马和横滨的下冈莲杖。进入明治时期以后，照相馆拍摄人像的需求增加，出现了大量的摄影师。东京优秀的摄影师有很多，彦马门下的内田九一（浅草）、莲杖门下的横山松三郎（上野）、西博尔德门下的清水东谷（日本桥）在明治前期都较为有名。明治中期，以快拍闻名的江崎礼二（浅草）、从美国学成归来的小川一真（饭田桥）、玄鹿馆的鹿岛清兵卫（木挽町）则互相切磋技艺，提高摄影水平。

照片在社会中的需求稳步增加，比如家庭合影、结婚照、证件照、纪念照等。在大正时期出现个人相机之前，明治时期的摄影师还是个稳定的职业。

磐梯山周围没有树木也没有房屋，全都是摄影师。

磐梯山火山爆发之图，摄影师的群像令人敬服。

对，就是你，再往右一点。

光线不好也是件麻烦事。

拍摄影师比拍火山爆发有趣多了。

图3　摄影师

《鸟羽绘》明治二十一年（1888年）八月一日第36期

◇ 照相馆门童 ◇

图中出现了路过浅草照相馆的国会议员、他中意的艺伎以及跟在艺伎后面的经纪人——鸨母。出声招呼他们的就是照相馆的门童，他年纪不大，估计还是个实习摄影师或者摄影助手。由于地点在浅草，很有可能就是江崎礼二的照相馆。他的摄影以使用干板的快拍（瞬间拍照）而闻名。比戈的画集《艺伎的一天》〔明治三十二年（1899 年）出版〕中也出现了浅草的照相馆，但招呼客人的是年长的男子，口中说着："12 张 50 钱，简直等于白送……"估计因为竞争过于激烈，便用低价吸引顾客。

国会议员可能会因门童的招揽和艺伎一起拍照，也有可能让艺伎单独拍照，毕竟照片可以随身携带。有很多从地方上来的人为了纪念自己来到东京而去拍照，由此，人们养成了在自己人生的关键时刻（出生、入学、出征、结婚）拍照纪念的习惯。明治后期，移民到美国和南美的年轻人会与日本的女性交换照片后结婚，这种通过照片相亲结婚的方式也渐渐流行起来。大家也知道照片可以在一定程度上进行修饰。

(Assakusa)- Son Excellence désire-t-elle se faire photographier !.....

（浅草）　阁下，来拍张照片嘛！

图 4　照相馆门童

《国会议员之书》明治二十三年（1890 年）

◇ 西装行业从业者（1）◇

率先穿着西装的是军人和警察，之后天皇、贵族、高级公务员也穿起西装，随后影响到小官员和教师群体。铁路职工和邮递员开始穿着西装的时间也较早。明治二十年（1887 年）左右，妇人束发、男性着西装已成为全国的潮流，西装逐渐大众化（仅限男性）。这幅图描绘的时期要稍微再早一点，工匠和商人普遍还穿着和服。图中的人还梳着丁髻，但其实这已经是那个时代比较少见的发型了。

估计图中之人是在横滨或者东京（筑地）的居留地学习缝纫西装的。他还没有像样的店铺，可能不是靠给他人定制赚钱，而是自己购买呢绒布料缝制衣裤，再寄放到其他店铺里售卖。此后，西装的需求不断增长，生意应该不错吧。

《朝野新闻》于明治十八年（1885 年）六月二十日报道称，东京、大阪、京都三府以及五港的公务员都接到通知，要求他们必须要穿着西装。上级强制穿着西装的规定使得男性西服流行起来，西装行业也出现了从业者。

图 5　西装行业从业者（1）

《早上好》明治十六年（1883 年）

◇ 西装行业从业者（2） ◇

对于和妻子在鹿鸣馆出入的贵族和政府高官，这三格图画将他们在经济上的烦恼表现得淋漓尽致。接下定做西装订单的人应该是白木屋吴服店西装部的店员。这家店于明治十九年（1886 年）开始营业，比三越吴服店还要早。第一格中，妻子正在仔细地下订单，丈夫担心地听着。第二格中，终于到了试穿的那天，丈夫不仅不高兴，反而更加担心了。第三格中，在穿戴完毕的妻子面前，丈夫阅读着店员拿出来的详细账单，看到总价的时候，丈夫发出了悲鸣。

明治十六年（1883 年）十一月鹿鸣馆开业时，据说女式洋装一律约 400 日元。听说外务大辅（外务次官）森有礼就因妻子的服装费用超过自己的工资而头痛不已，简直和这幅图中的丈夫一模一样。能够得知上层阶级这种经济烦恼的人，估计只有《鸟羽绘》的法国编辑顾问普罗斯珀・富克（1843—1906）了。他受雇于学习院和陆军大学，有机会与这些人打交道。

（上图）现代日本——下单

（中图）现代日本——试穿

（下图）现代日本——账单

图 6　西装行业从业者（2）

《鸟羽绘》明治二十年（1887 年）七月十五日第 11 期

◇ 鞋业从业者 ◇

西村胜三于明治三年（1870 年）创办皮鞋制造工厂。同年，陆奥宗光从德国聘请了两位制皮、制鞋的教师，在和歌山开设讲习所，教授皮鞋和皮革的制作，开始培养工匠。图中，鞋匠将定做好的鞋送到位于居留地的外国人家中。后方拿着西裤的人便是家中的男佣。这名鞋匠能接到外国人的订单，估计是制作高级皮鞋的。他的手艺应该传自居留地的外国鞋匠或者上面提到的讲习所。

军人和警察对皮鞋的大量需求催生了制鞋产业。日本的制鞋技术广受认可，早在明治十一年（1878 年）就已经向美国出口了 8 万双鞋。明治十四年（1881 年），原本负责制造低级军官和普通士兵军鞋的藤田组由于制鞋权被炮兵工厂夺走，便接受朝鲜政府的订单向其出口。

明治中期，很多男性即便身着和服也会戴帽子、穿皮鞋，因为头部和脚部的西化都比西服的普及要早。《国民新闻》于明治二十四年（1891 年）七月十日报道称，街上已经出现了擦鞋匠这一全新的职业。

Le petit lever de Monsieur ....

这位客人，请您将脚再抬高一点……

图 7　鞋业从业者

《横滨闲话》明治二十四年（1891 年）第 1 卷第 9 期

◇侍　者◇

明治六年（1873年）八月，位于横滨海岸大道20号的格兰酒店开业。图中描绘的便是酒店餐厅午餐时间的场景。这间餐厅曾多次在新闻报道中出现。《东京日日新闻》于明治二十一年（1888年）十二月十一日报道称，横滨居留地的各个商行、银行将于二十五日圣诞节停业，并在格兰酒店举办舞会，还规定出席者无论男女必须穿着日式服装，梳丁髻或者岛田髻等日式发型。《时事新报》于明治二十四年（1891年）九月九日报道称，一位名为阿尔曼的英国人因为身着日式礼服进入格兰酒店的餐厅而遭到驱逐。短短三年时间，这家酒店就变得如此重视"礼仪"，从画中也可窥见一二。画中的日本侍者年纪不大，却应该通晓英语和法语（当时除英语以外，国际通用语言主要就是法语），也了解用餐礼仪和小费习惯，另外还要熟知美元和法郎等外国货币，略懂德语和汉语等多种语言，掌握世界各个民族的文化常识。有见识的侍者还要学西式美食与美酒的知识，心怀创办一家西餐厅的志向。

正午，格兰酒店的午餐。

图8　侍者

《横滨闲话》明治二十四年（1891年）第1卷第9期

◇ 调酒师 ◇

图为俱乐部酒店中午 11 点的酒吧。调酒师需要将多种洋酒调配在一起提供给客人，知识与经验都必不可少，可能需要经过多年的实习才能独当一面。柜台上有骰子，说明这里可以赌博。俱乐部酒店位于横滨海岸大道 5 号，由联合俱乐部的侍者领班哈恩创办。比戈的杂志《鸟羽绘》就在这家酒店中发行，大厅应该也会售卖这本杂志。比戈与调酒师应该也是熟识。

《日本人的生活》第 7 期〔明治三十一年（1898 年）出版〕上刊载了题为《俱乐部酒店罢工》的讽刺画（见《比戈看明治时期的日本》第 75 页），说明日本国内的工人运动已经波及居留地。比戈在明治三十二年（1899 年）出版的旅日期间的最后一本画集《1899 年 5 月》中也有描绘俱乐部酒店的图画（见《比戈看明治时期的日本》第 227 页）。这幅画与图 9 中的气氛完全不同，在居住权限放开前，外国人脸上都布满不安的表情。而面对违反禁令用骰子赌博的外国人，调酒师不悦的神情也令人印象深刻。

Onze heures ½ l'heure des potins et du bizibi... au Club Hotel.
Croyez-vous que Chose et Machin sont assez moules hein ?? etc etc....

11 点是人们在俱乐部酒店闲聊与猜数字游戏的时间。
“事情会一切顺利吗……”

图 9 调酒师

《横滨闲话》明治二十四年（1891 年）第 1 卷第 9 期

◇ 厨师（受雇于外国人家中）◇

图中描绘的是某个外国人宅邸的用人和他们的家人，包括厨师、男佣、园丁、园艺师、女佣等。新年这天，雇主分发压岁钱，而且还是用美元。这名外国人在图 30 中也出现了，他似乎是名大学教授，可能受雇于东京大学。画中展现了他的慷慨大方。

《时事新报》于明治二十年（1887 年）八月二十九日报道称："近来由于西餐的流行，西餐店逐渐增多，厨师供不应求。雇主之间互相竞争，提高薪资雇用人才。甲给 15 日元，乙就给 20 日元。"当时，东京的木匠和泥瓦匠日薪大约 50 钱，地方上的薪资大约不到他们的一半。此外，巡警的月薪大约为 10 日元，明治二十五年（1892 年）进入日本新闻社工作的正冈子规的初始月薪为 15 日元。在这样的情况下，还有人愿意用 20 日元的月薪雇用一名厨师。

这位外国人如此慷慨，可能是因为厨师等专业工种都面临着招工难的问题。尤其是西餐厨师多少都会一点英语或法语，自然要格外看重。

Scène du 1er Janvier chez un étranger
celui que vous voudrez ; distribution de dollars....

某位外国人家中新年时的场景。各位来猜一猜他是谁，居然用美元发压岁钱……

图 10　厨师

《正月元日》明治二十三年（1890 年）

◇ 古董商 ◇

图中描绘的是前往外国人家中推销古董和美术品的古董商。对他们来说，外国人是极好的主顾，因为很多外国人会长期大量购买古董。这一时期的外国收藏家包括因绘制 1 日元纸币上的武内宿祢像而闻名的意大利人爱多鲁·伽森（Edoardo Chiossone，1833—1898）以及明治十四年（1881 年）来到日本的美国人威廉·斯特吉斯·比奇洛（William Sturgis Bigelow，1850—1926）。伽森的收藏品都捐赠给了家乡热那亚市的东方艺术博物馆，比奇洛的收藏品则捐赠给了波士顿美术馆。

此外，富山的画商林忠正（1853—1906）从古董商那里收集了以浮世绘为主的大量美术工艺品出口国外。从他的发货单中可以得知，从明治二十三年（1890 年）到明治三十四年（1901 年），他出口了 156487 张浮世绘、9708 本画册、846 件亲笔作品及屏风挂件，还有雕刻、漆艺、金属工艺品、刺绣、刀镡等众多工艺品。当时浮世绘在日本人眼中并非美术品，直到在海外获得认可后，日本人才重新认识到浮世绘的价值。

anata scoshi mité yoroshi ,Koré surampan, ikinaï nazé !!!.....
Ah yoroshi..................
Yoroshi, yoroshi arimasen ,anata bakka ,anata mimase yoroshi
watakushi kase naï ....

你再看看可以吗，这个样品，不行？为什么！

哦，可以……可以，可以，没有，你蠢货，你看可以我给没有……[1]

图 11　古董商

《横滨闲话》明治二十四年（1891 年）第 1 卷第 9 期

① 一位不太懂日语的外国人断断续续说出的日语单词，并不成句。——编者注

◇掌　柜◇

图中为和服衣料店的店面。最左侧的掌柜正在记账，指点掌柜的可能是老板娘，右侧的年轻人则约十七八岁，成年后从学徒升为二掌柜。商铺的员工都是从学徒开始的。他们在十岁左右被商铺雇用，负责清扫、跑腿、随从等杂活，人称“小子”“小伙计”等。到了十五六岁，他们也开始负责打包以及协助货款的交易，人们用其本名的第一个字加上“松”或者“吉”来称呼他们。

等到像这位年轻人一样成为二掌柜以后，就可以穿着短褂，接触烟酒了。但是，无论是学徒还是二掌柜，一般都没有薪资，雇主每年只在盂兰盆节和正月这两个时间点发放服装和零花钱。二掌柜根据掌柜的指示参与实际的业务，再过7—15年成为掌柜。再工作几年甚至十几年之后，商铺可能会允许掌柜开分店，像这种情况，资金和客人都来源于雇主。终身被雇用的掌柜则会有自己的住所，平时往返于商铺和住所之间，还能获得薪资。

刚来日本不久的比戈对梳着丁髻、戴着眼镜、用毛笔记账的掌柜似乎充满兴趣，对二掌柜熟练使用算盘的技艺也颇为关注。

Marchand d'étoffes.

图 12　和服衣料商

《早晨》明治十六年（1883 年）

◇ 相扑选手 ◇

图中描绘的是相扑选手在练习场中的场景。不仅是比戈，估计任何外国人都会对这种身材庞大的男子进行格斗的运动充满好奇吧。

早在奈良时代初期，相扑就是宫廷活动的一部分，后来在民间也流行起来。到了江户时期，相扑逐渐具有比赛性质，并确立了比赛场所（天保年间起在本所回向院）、比赛时间（8天至10天）、春天和冬天共比赛两次的制度。但进入明治时代以后，相扑运动遭遇了瓶颈。由于文明开化运动的推进，甚至有政府高官认为相扑属于不文明的运动，表示应该禁止。另外，以前相扑选手多靠大名[①]来支持，后来许多大名财力不足，便与相扑选手切断了关系。

在这种情况下，相扑界不得不面临改革。比如，在明治五年（1872年），比赛第二天起就可以观看女性相扑比赛；到了明治十年（1877年），第一天就可以观看。明治十一年（1878年）颁布《角抵并行司取缔规则》，规定相扑比赛管理人员、相扑选手、

---

① 日本古时封建制度对领主的称呼。——编者注

相扑比赛组织人员没有营业许可证不得参与比赛。此外，还与大阪等地的相扑会所举办交流比赛。在与绘制这幅画的时间相近的明治十七年（1884 年），天览相扑赛于延辽馆举办，成为相扑界复兴的重大转折点。

图 13　相扑选手

《早晨》明治十八年（1885 年）

◇ 假发师 ◇

图中描绘的是假发师的工作室。图中的假发师不像在为歌舞伎、能、狂言的演员制作假发，而像是给剧院的演员制作。比戈是名戏剧爱好者，画过好几张戏剧舞台和观众席素描，因此自然会对与戏剧产业相关的假发师产生兴趣。

假发师先将头套戴在演员的头上，根据订单的发型样式和鬓发的高低，在头套上贴上头发，再交给假发发型师。歌舞伎的假发发型师需要根据剧目和角色编织各种各样的发型，而剧院大多直接使用假发师梳好的发型。制作假发的头发大多来自贫穷的主妇和小姑娘，她们通过卖头发补贴家用。在江户时期，还有为头发稀疏的老年人提供的假发，假发师也会接受这类订单。

由于对演员的私生活和与他们打交道的从业者感兴趣，比戈有时会到后台取材，在那里得知还有这样的职业，便会前往对方的工作室拜访。他的日语说得不太好，但好奇心还是占据了上风。

图 14　假发师

《早上好》明治十六年（1883 年）

◇翻　译*◇

“请当我的随同翻译一起访问旧吉原吧。”

“我老婆知道的话会生气的……”

图 15　翻译

《妓女的一天》明治三十二年（1899 年）

* 此职业在原书中并无文字介绍。——编者注

第二章

是工匠还是普通人决定苦与乐

——底层中的中等阶级

九成国民组成的底层民众中，勉强可以糊口的人尚且算得上是底层中的中等阶级。他们的职业给人的印象就是“工匠”。在一条路上不断磨炼技能，努力就会得到回报，但如果无法在竞争中生存或者无法忍受工作的辛苦就容易遭到淘汰。二战后，日本进入高度经济成长期，向经济大国迈步时，日本向全世界出口的家电、汽车等产品因品质优秀而广受认可。还有人说，“日本人是工匠，中国人是商人”。日本人自古以来就对成为工匠充满热情，也为成为工匠而骄傲。他们的目标是在师傅的手下经过艰苦的修行，最终独当一面。明治时期的工匠，也就是底层中的中等阶级，他们的收入基本可以达到全日本人口的平均收入。比戈描绘的底层中的中等阶级里，按照以上标准选出的职业大致可以分为以下三种类型：

1. 不被潮流左右、明治社会必不可少的职业

牛肉铺屠夫、油漆匠、理发师、印刷工人、学生、大学生、企业劳工。

2. 古往今来都需要的职业

药商、按摩师、木屐修理匠、算卦先生、马夫、商铺学徒。

3. 受时代潮流影响、短期内可以赚钱的职业

乌冬面摊摊主、演员、单口相声演员、受雇于外国人宅邸的男佣。

虽然比戈没有记录下来，但在他旅日期间流行的职业以及新出现的职业还有以下这些：

明治十五年（1882 年）：轨道马车的车夫和乘务长、弹珠汽水销售商。

明治十六年（1883 年）：金鱼商人（对外出口业务繁荣）。

明治十七年（1884 年）：披肩（斗篷）和国产领带生产商。

明治十八年（1885 年）：西洋犬饲育员（京都）。

明治十九年（1886 年）：女式和服斗篷生产商（白木屋西装部）。

明治二十年（1887 年）：女性义太夫说唱艺人（因曲艺场的出现而流行起来）。

明治二十一年（1888 年）：国产牙膏制造销售商（资生堂）。

明治二十二年（1889 年）：幻灯放映员、女性杂技演员。

明治二十三年（1890 年）：东京底层女性做家庭副业（贴火柴盒、卷烟草）的人。

明治二十四年（1891 年）：进口口琴销售商。

明治二十五年（1892 年）：毛线编织物（披肩、围巾、手套等）生产商。

明治二十六年（1893 年）：水桶生产商、附照片名片生产商（因演员、艺人使用这类名片而流行起来）。

明治二十七年（1894 年）：怀表生产商（大阪钟表制造会社）。

明治二十八年（1895 年）：和服衣料商（中日甲午战争后因经济环境良好而繁荣）、鞋店（地方上穿鞋者增加）。

明治二十九年（1896 年）：活动电影放映机（小窗电影）放映员。

明治三十年（1897 年）：铝制饭盒生产商。

明治三十一年（1898 年）：乘务员（山阳铁路）。

明治三十二年（1899 年）：留声机专卖店店员（浅草·三光堂）。

这些工作有的是由于近代社会的需求产生，有的是将欧美发达国家日常生活用品进口至日本或将其国产化而出现，这些都决定了工匠们的未来。

◇ 牛肉铺屠夫 ◇

这幅罕见的作品描绘了当时在东京急剧增加的牛肉铺里的景象。图上写着“牛肉一斤 18 钱，里脊肉一斤 27 钱”（日本的一斤约 600 克）。小狗满怀期待的样子令人忍俊不禁。《朝野新闻》于明治十年（1877 年）十一月八日报道称，东京的牛肉铺正在以惊人的速度增加。报道中统计了各个大区（当时的行政单位）的店铺数量，从第 1 大区到第 11 大区共计 554 家店。《读卖新闻》于明治十八年（1885 年）十月三日报道称：“近来天气渐凉，刨冰店的客人减少。很多刨冰店都改换招牌，成了牛肉铺，仅本乡区就有 47 家。”《读卖新闻》于明治二十年（1887 年）一月二十八日还刊载了木村庄平的牛肉铺“伊吕波”的广告，其主营业务为牛肉批发、零售和餐饮。广告中写道：“第 5 分店于一月二十九日开业，第 6 分店于二月下旬开业，预计开设 48 家店铺。”

图中的牛肉铺与现代的牛肉店差别很大。当时尽管平民也吃得起牛肉，但由于竞争对手不断出现，也没有冷藏设施，店家只能全力清空库存。

Le boucher.

图 16　牛肉铺屠夫

《早晨》明治十八年（1885 年）

◇ 油漆匠 ◇

图中的男子似乎在画商店的招牌，这几幅图描绘了他失败的全过程。明治二十六年（1893 年）就出现了油漆匠这一职业，着实令人惊讶。《朝野新闻》在明治十年（1877 年）九月十一日刊登了一篇文章，内容为某县官员让部下代笔，表达了他对最近社会变化的感慨，其中谈道：“短发、涂漆的小便池、煤油灯的出现让人感觉到文明开化的进程。”

另外，《横滨每日新闻》于明治十一年（1878 年）七月五日介绍了一名用油漆绘画的人：“铃木正作（19 岁）目前借住在横滨元滨町四丁目中山寿郎的家中。他从前年起就用油漆创作油画风格的人物肖像，之后专心钻研此道，近来对照相片临摹西洋女子的样貌。他用油漆创作的牌匾色彩丰富、笔触细腻，已在师范学校校内展出，精妙之处与油画别无二致。”

在居留地学艺的油漆匠可能顺应了明治时期一十年代（1877—1886 年）日本对油漆匠的需求。无论是街道的西式建筑化，还是商店招牌的西洋化，都使得油漆匠逐渐增加。

图 17　油漆匠的失误

《小道消息》明治二十六年（1893 年）十一月第 1 卷第 1 期

◇ 理发师（西式理发师）◇

图中描绘的是西式理发店中理发师倾倒液体清洗头发的场景。在这个时期，理发师依然用剪刀剪发、修整发型，还没有开始使用理发推剪剃发。由于留短发的人占据了主流，西式理发店的生意便尤为兴隆。《东京日日新闻》于明治十五年（1882 年）三月二十五日报道称，由于东京各家理发店的理发剃须费用各不相同，秩序混乱，协会经过讨论，最终规定剪发 8 钱、剃须 4 钱（当时木匠的日薪为 30 钱，一升米约 9 钱）。由此可以看出当时理发行业的混乱之势。

明治四年（1871 年）颁布《散发脱刀令》之前，早在同年四月，东京常磐桥门外就出现了西式理发店的招牌。明治十六年（1883 年）左右，日本驻法公使馆的书记官长田铚太郎带回理发推剪，同年鸟海定吉开始在店里使用。西式理发师中有不少思想进步的人。《东京日日新闻》于明治十四年（1881 年）七月二十七日报道称，在自由民权运动发展得如火如荼的土佐，就连理发师都参与演讲。

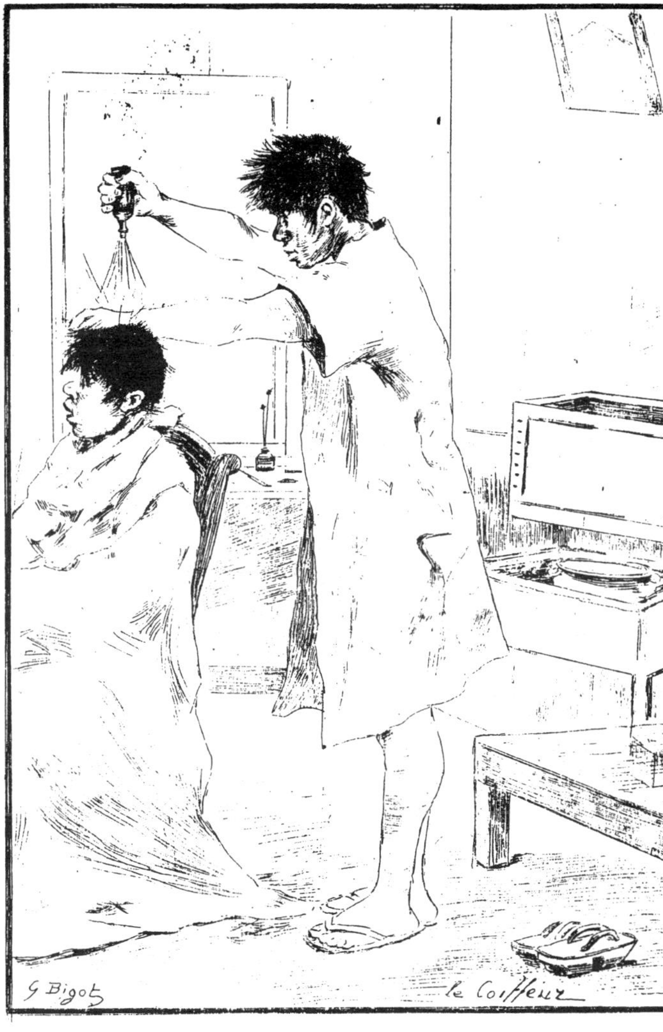

图 18　理发师

《早上好》明治十六年（1883 年）

◇药　商◇

镰仓时期之后，集市的发展使得四处兜售商品的行商增多。进入江户时期，行商的活动范围扩大，其中以规模庞大而著称的便是近江的商人与富山的药商。图中描绘的便是后者。《朝野新闻》于明治十六年（1883 年）七月二十一日报道称：“本年度从越中富山派至各地的药商共计 13200 余人，共开设 53 家制药所。”既然药商的人数如此之多，自然能在东京各处见到他们的身影。比戈描绘的便是他们五六人一组一边走一边高声卖药的情景。政府目睹这种行为，便计划向他们征税。明治十六年（1883 年）一月一日起，政府开始征收非处方药印花税。非处方药标注定价后，药商有义务根据定价贴上相应数额的印花，比如小于 5 钱的商品应贴上 1%（1 厘）的印花。

富山的药商为了提高利润，便想出通过随行仆从预放常备药这一独特的销售方式。尽管规模已经变小，但这种销售方式一直保留到了现在。

图 19　药商

《早上好》明治十六年（1883 年）

◇ 按摩师 ◇

按摩是一种有规律地用手按压肢体的治疗方式，可以放松肌肉，促进血液循环。它是从古代中国传入的一种医疗手段，但医生已经渐渐不太重视。然而，进入江户时期以后，有关按摩的研究再次兴起，许多专业书籍相继出版，以治病为目的的按摩方法流传开来。进入明治时期，世间对于按摩治疗的效果各执一词。《读卖新闻》于明治十六年（1883 年）十一月二日报道称："现在我国无论什么病都会使用按摩治疗，因此有必要研究按摩究竟是有效还是会加重病情。"

在浮世绘中，按摩是盲人男性的工作。《北斋漫画》第 8 篇《群盲摸象》和歌川国芳三幅一套的《消除困意》都描绘了盲人按摩的群像。江户时期，盲人在生活上能得到社会的保障，他们可以分为检校、别当、勾当、座头等职称，从事净琉璃说唱等曲艺工作以及按摩、针灸等医疗工作。在中等武家举办红白喜事之际，盲人还能得到金钱和粮食的补助。图中这位给艺伎按摩的盲人能够做医疗工作也是社会保障的缘故。比戈在铜版画中还描绘过盲人按摩师吹着口哨、拄着拐杖走在街上的情景〔《再见》明治十七年（1884 年）〕。

Sont-ils heureux ces aveugles d'avoir les yeux au bout des doigts.

手指变成眼睛的盲人。

图 20　按摩师

《东京艺伎的一天》明治二十四年（1891 年）

◇ 木屐修理匠 ◇

木屐由木头制成，作为鞋跟的木齿自然会磨损。木屐修理匠正是更换木齿的工匠。木屐的历史悠久，弥生时期的遗迹中就发现了“田木屐”。木屐的称呼也从平安时期的“高齿木屐”、室町时期的“木鞋”，发展到江户时期的大众鞋类“木屐”。由于江户时期出现了多种多样的木屐，木屐修理匠便也随之出现〔天保八年（1837年）出版的《守贞谩稿》中就有木屐修理匠的画像〕。从现代角度来说，在车站经常看到的修鞋匠延续的就是木屐修理匠的工作。

我出生在昭和十四年（1939年），在东京长大。直到小学六年级的时候，我平时都穿着木屐上学和放学。至昭和时期三十年代（1955—1964年），道路的状况还是不太好，在地方上应该还是有木屐修理匠的。我在昭和时期二十年代（1945—1954年）曾在东京大森见到过。

《朝日新闻》连载的漫画《海螺小姐》中，经常描绘鲣和裙带菜穿着木屐的场景。鲣因为喜欢棒球和相扑等运动，很早就穿上了西式鞋。他最后一次穿着木屐走在外面的场景出现在昭和三十二年（1957 年）八月七日。裙带菜则稍微晚一些，最后一次穿着木屐是在昭和三十四年（1959 年）十月三十日。

图 21　木屐修理匠

《早上好》明治十六年（1883 年）

◇ 算命先生 ◇

图中描绘的是代议士在街上请求算命先生预测自己未来的场景，路过的人都津津有味地听着。算命先生的装束很有趣，他戴着帽子，穿着日式裙裤，鞋子却是朝鲜风格。他用卜签占卜算命，似乎出现了凶兆。算命先生也称“半仙”“占卜师”，也有人不用卜签算命。古时就有人以算命为生，直到江户时期他们才在街上引起人们的注意。

算命先生自古以来都是僧侣扮相，直到江户时期中期，才出现山中修行僧以及俗世打扮的人。流浪武士以及神职人员也加入了这一群体。除了卜签，算命先生还会通过看面相、手相、房屋风水、方位来算命。

《朝野新闻》于明治二十年（1887 年）十一月十七日对以占卜时事而闻名的高岛嘉右卫门近来的动向进行了报道：“他说近来东北方每晚都有邪气出现，表明有战争的征兆，因此他在位于神奈川台的家中日夜祭拜孔子庙，祈祷天下太平。可谓是最近的奇闻趣事了。”

Les baguettes disent . M. est député et sera assommé un peu avant la fin de la session . . . .

这位先生是代议士吧，你在任期快结束的时候很有可能遭到殴打致死……

图 22　算命先生

《国会议员之书》明治二十三年（1890 年）

◇马　夫◇

马夫受到雇主戴德式军帽的影响，也戴着德式的帽子。这幅画展现了日本社会风气对德国的倾向性。在《鸟羽绘》中，还有一张画绘有马夫，那就是明治二十二年（1889 年）八月一日刊载的《擦拭“可可号”》。画中，雨天的练兵场上，马夫正在用掸子擦去长官的坐骑“可可号”身上的泥水。我对马夫赤裸着的双脚尤为印象深刻。军中的马夫是军队中最底层的人员，工作稳定，但收入极低。而且正如画面所示，马夫需要围着马跑前跑后，需要和车夫有差不多的体力，是份只有年轻人才能从事的工作。另外，马夫需要损耗大量的鞋和由多层布料缝制的分趾袜（在胶底分趾鞋袜发明之前比较结实的袜子），为了补偿此项损耗，应该有相应的补贴。如此看来，马夫可能不算是一个很差的职业。

比戈的铜版画集《早上好》〔明治十六年（1883 年）出版〕中也有与马夫相关的作品，可能是他去军队相关机构取材时看到的。比戈从明治十五年（1882 年）十月起，在陆军士官学校担任了两年绘画教师。正因为如此，他才经常有机会接触军马以及与此相关的日本人。

现代日本——将校与马夫，最新的组合。

喂，快让开！今天我和将校大人都戴了德式的帽子。怎么样，合适吧。

图23　马夫

《鸟羽绘》明治二十年（1887年）十月十五日第17期

◇ 印刷工人 ◇

图中描绘的是大日本印刷的前身秀英舍（图中写的是“社”）的印刷现场，应该是比戈实际观看过工作间的情况以及印刷工人的样貌后绘制的。出生于江户日本桥的佐久间贞一（1848—1898）于明治九年（1876 年）与三位友人共同创办了秀英舍。他担任法人，一生都在经营这家公司。长久以来，佐久间有志于在艰苦的环境下保护和培养劳动者，改善劳动条件，改革劳动环境，致力于制定职工条例和工厂法，由此广为人知。而这家印刷公司在秘密印刷《西哲梦物语》的过程中遭到警察突袭，校样也被扣押，图中描绘的便是这一场景。印刷工人的工作具有一定的危险性，但这是言论出版工作者的宿命。

《西哲梦物语》是德国法学家格奈斯特在柏林向赴欧宪法调查委员会成员伊东巳代治口述内容的记录，其中涉及宪法制度，并针对日本的形势进行了详细的讲解，可以说是一本对于政治家和官吏来说都极为珍贵的关于宪法和法律的秘籍。明治二十年（1887 年）上半年，由于这本书经秘密出版流传到了民间，当局便展开调查，后于同年九月二十一日突袭秀英舍。

秀英舍事件　九月二十一日　日本传媒

（当时的话题）在遭到监视的情况下，根本无法工作。

警察（语气强硬）：“这份底稿哪里来的？你们这群蠢货，不交代清楚就把你们逮捕。”

工匠（唯唯诺诺）：“我什么都不知道，天啊，好可怕，保佑我在做梦吧。”

图 24　印刷工人

《鸟羽绘》明治二十年（1887 年）十二月一日第 20 期

◇ 锅烧乌冬面摊摊主 ◇

《读卖新闻》于明治十四年（1881 年）十二月二十六日对当时流行的乌冬面摊进行了报道："近来乌冬面摊非常流行，在东京摆乌冬面摊的就有 863 人有余。而夜鹰荞面摊已少有人光顾，摆摊的只有 11 人。"夜鹰荞面摊是指夜里在街边叫卖荞麦面的商贩。

木村舍三编著的《江户行商群像图鉴》中，江户街头售卖小吃的商贩有很多。这些小吃包括油炸豆腐寿司、米酒、枇杷叶汤、粗粮团子、饮料（冰水、糖水）、荞麦面、干海苔、黑糖团子、水果、干酱、七香辣椒粉，以及阿驹糖等各类糖果（见第三章中的"卖糖人"）。

图中是秋天月亮刚刚升起时的傍晚，画面里绘有精英公务员与其穿洋装的妻子一家人。丈夫说："我没带零钱，明天 17 号再一起结账吧。"摊主说："当然可以，你们每天都来嘛。"说着伸出舌头，又道："味道可以吧，多谢惠顾。"一碗只要 1 钱，这家人居然还赊账，不过他们似乎已经连着来了好几天了。乌冬面摊生意兴隆，客人看起来也是个"官老爷"，摊主便放心地让他们赊账了。

为流行而牺牲，晚饭吃路边的火锅（锅烧乌冬面），简直和我们家的车夫差不多……（这个小声说）但我们是最时尚的。

图 25 锅烧乌冬面摊摊主

《乌羽绘》明治二十年（1887 年）十月一日第 16 期

◇演　员◇

歌舞伎和大众戏剧的有名演员不仅受人欢迎，而且收入也高。这一点无论在明治时期还是在现代都是相同的。图中描绘了艺伎因迷恋演员而进入后台的情景。比戈不仅对戏剧感兴趣，也很关注主演，这应该是他进入后台时看到的画面。要想接近有名的演员就必须要准备礼品，尤其是打赏的小费，能够做到这一点的自然是当红艺伎。有名的演员中有很多人就像现代的牛郎，他们对女性来者不拒，中饱私囊。为了约束这些演员的行为，有风声传出即将制定禁止演员与他人发生不正当性行为的条例。

《东京日日新闻》于明治十四年（1881 年）五月三十一日刊登报道称："近来一些演员毫无操守、出卖色相，简直恬不知耻。（中间省略）这一风气在大阪尤为猖獗，但当地的演员中村琥珀郎（中间省略）自告奋勇要矫正这一歪风邪气（中间省略），对此进行监管。他召集大部分演员对此情况进行说明，提议要禁止演员与他人发生不正当性行为。附和之人众多，并选举琥珀郎为立案委员。最近，禁止不正当性行为的条例正在编纂之中，可谓一件好事。"

后台有佳人来访……

图26　演员

《东京艺伎的一天》明治二十四年（1891年）

◇ 单口相声演员 ◇

一名单口相声演员正在曲艺场中投入地表演，听众也在图中。这幅图将明治时期曲艺场内的氛围描绘得淋漓尽致。曲艺场在江户时期后期出现，极其受欢迎。但由于天保改革，表演受到限制。之后，曲艺场在管制较松的幕末时期至明治时期再次迎来繁荣。明治十二年（1879 年），东京 15 区中共有 176 家曲艺场，主要集中在市镇区。其中浅草区 23 家，神田区 22 家，日本桥区 21 家，京桥和芝两区各 17 家，本所区 14 家，下谷和深川两区各 11 家。

从明治十三年（1880 年）左右至明治二十五年（1892 年），讲谈成为一大潮流。二代松林伯圆、伊藤痴游、桃川如燕、三代一龙斋贞山、邑井一都是推动这一潮流的名人。而落语界则有讲述写实体人情世故的三游亭圆朝、讲述西方人情世故和英国滑稽故事的快乐亭布莱克、擅长捏鼻舞的三代三游亭圆游、会吹车夫喇叭的四代橘家圆太郎等名人。①受欢迎的原因也有可能是曲艺场的入场费大约是剧院入场费的 1/3。图中的观众中可以看到女

① 落语是日本的传统曲艺形式之一，类似于中国的传统单口相声。××亭××是落语界起艺名的形式之一。——编者注

性和孩童的身影，其中女性更为引人注目。由于受众广泛，单口相声演员不仅收入不错，工作也相对比较稳定。

Le Conteur d'Histoires.

图 27 单口相声演员

《早晨》明治十八年（1885 年）

◇ 男佣（受雇于外国人宅邸） ◇

图中描绘的是横滨居留地外国人宅邸的早间景象，年轻男子正为洗脸的雇主送来早餐。双方用日语交谈，毕竟男佣的工作只需要用简单的日语就可以完成。男子穿着分趾袜和草鞋，以及便于行动的细筒裤。他发型清爽、衣着整洁，似乎薪资水平尚可。如果再学习一些外语，应该可以升级为酒店员工。由于当时还没有自来水，雇主应该是用井水洗脸。鞋子旁边摆放的应该是便桶。

明治九年（1876 年）出生的北泽乐天在明治二十四年（1891 年）16 岁时就已经在创作西洋风单幅漫画〔刊登在《东京 PUCK》明治三十九年（1906 年）第 2 卷第 8 期内封〕。他经常出入横滨居留地，向澳大利亚画家弗兰克·南基韦尔（Frank A. Nankivell）学习西洋风漫画技法。为居留地的周报《珍宝盒》绘制漫画的南基韦尔于明治二十八年（1895 年）前往美国后，乐天便接替了他的工作。乐天与南基韦尔相处了 4 年多，自然去过他家，应该也见过这样的日本男佣。

先生，吃饭，可以。（先生，早餐已经准备好了。）

好的，知道。我，你，不行／那边[①] 可以……（好的，你可以出去了……）

图 28　男佣

《横滨闲话》明治二十四年（1891 年）第 1 卷第 9 期

① 这个词语可能是马来语中的“去那边”，或者是中文中的“不行”，在横滨居留地经常有人使用。

◇ 大学生（1） ◇

图中描绘的是一名去外国人家中拜访、直接向对方学习外语的东京大学学生，《鸟羽绘》第 18 期中有一名与他相似的青年活动家。同样是东京大学的学生，有的投身于政治运动，有的像他这样准备去国外留学。比戈对日本最高学府东京大学的学生似乎尤为感兴趣。

当时，东京大学的学生是国家和社会的中心，是精英中的精英。他们背负着家乡的期望，因此有机会获得奖学金等资金援助。资助者认为，他们最终一定会成为博士或者大臣。这名东京大学的学生可能就是在资金上比较宽裕的一员。他手拄手杖，吸带有滤嘴的烟草，穿着时髦的皮鞋，一看就比较富裕。估计他经常去的饭店不是茶泡饭店，而是牛肉火锅店。

现在，大约有五成高中生可以进入大学，而在 40 年前我进入大学时只有一成。能在明治二十年（1887 年）左右小学毕业进入中学的人估计最多只有一成，所以能上大学的就更是凤毛麟角。

未来的日本——学生。

（在某位外国人家中）很荣幸见到您。如果您能每天给我上课，我会每月支付您 1 日元，也会与您以诚相待。年末时，还会根据您的喜好送您一盒鸡蛋或者鲑鱼……

图 29 大学生（1）

《鸟羽绘》明治二十一年（1888 年）三月十五日第 27 期

◇ 大学生（2）◇

图中描绘的是涌入外国教授家中畅饮白兰地和威士忌的大学生，教授还拿出了雪茄，估计也是学生们的目标之一。真是一群好奇心旺盛的东京大学学生。这一场景可能不是比戈前往教授家中拜访时偶然看见的，而是在采访东京大学的学生，随他们一起前往教授家中时所目睹的。他们可能打算将来出国留学，休息日便结伴前往，以提高自己的外语能力。他们都是担负日本未来的精英。这位教授在图 10 中也出现过。

威士忌和白兰地都是在安政六年（1859 年）横滨开港后进入日本的。明治四年（1871 年），英国的卡鲁诺商会最先开始进口并销售威士忌。明治四十三年（1910 年）左右，寿屋开始研发日本国产威士忌。到了昭和四年（1929 年），寿屋出售日本第一支国产威士忌“三得利威士忌白札”。

白兰地的本土化似乎更早一些。《朝野新闻》于明治十一年（1878 年）一月六日报道称：“葡萄名产地山梨县的产业发展区用葡萄酿造出了高品质的白兰地和葡萄酒。”

从雪茄和洋酒的味道之中，他们感觉到了什么呢？

(Visite au professeur) On attrape toujours quelques bons cigares et on liche force verres de brandy ou whisky.....

（拜访教授）他们总想着抽高级雪茄，畅饮白兰地和威士忌。

图 30　大学生（2）

《正月元日》明治二十三年（1890 年）

◇劳　工◇

图中描绘的不是明治时期三十年代（1897—1906 年）工会运动兴盛时期的劳工，而是中日甲午战争爆发前的劳工。看其中有人穿着西装，估计是薪资暂且能够保证稳定生活的木匠。他们对劳动条件心怀不满，便通过突然罢工向雇主提出要求。这幅画绘成时的明治二十五年（1892 年）、二十六年（1893 年）发生过很多起罢工事件。比如：

明治二十五年（1892 年）七月十五日，横须贺海军造船厂 5150 多名职工因反对新厂长制定的严苛的工作规定而罢工。

同年八月四日，东京市内 100 余名泥瓦匠因向土木协会要求加薪而罢工。

同年九月二十日，东京府内 500 余名木匠因要求加薪而罢工。

明治二十六年（1893 年）一月二十五日，神户屏风出口公司 260 名工匠因要求统一承包费而罢工。

劳工能组织起来提出诉求已经算是比较走运了，大部分劳工还处于随时都会被解雇的不稳定状态。

Daï-Nippon — Ouvriers refusent le socialisme attendent l'anarchie.

大日本劳工——拒绝社会主义，盼望无政府状态。

图 31　劳工

《大日本》明治二十五年（1892 年）左右

◇ 商铺学徒 ◇

图中，日本桥的大商人正带着学徒给客户拜年，学徒捧着准备送出去的年礼。学徒的工作包括跑腿、清扫、照看孩子、随从等杂活。虽然没有薪资，但福利很多，衣食住、教育、医疗全都由雇主承担。学徒最期待的就是盂兰盆节和正月，因为雇主会发新衣服和零用钱。

《时事新报》在明治二十六年（1893 年）一月二十二日的报道中，通过学徒的自白讲述每年仅休息两次的弊端："寥寥数日的休息时间会导致很多弊端——年幼时在夜间溜出去玩、在路上磨磨蹭蹭、在店里打瞌睡，更有甚者乱用雇主的钱，这都是因为休息时间与工作的繁重程度相比太少的缘故。还是应该改正以前的恶习，认真投身于学徒工作之中。"

正如图 12 的文字介绍中所说，学徒从 10 岁起就签署雇用合同，等到十七八岁成年后升为二掌柜，再过 7—15 年成为掌柜。如果认真工作，这份职业的确有可能预测到将来的发展情况。

Gros marchand de Nihon bashi faisant ses visites accompagné de son petit commis

日本桥的大商人带着学徒拜访。

图 32　学徒

《正月元日》明治二十三年（1890 年）

◇ 弓箭教练* ◇

东京的弓箭爱好者们。

图 33 弓箭教练①

《小道消息》明治二十六年（1893 年）十二月第 1 卷第 2 期

* 此职业在原书中并无文字介绍。——编者注

① 最左侧可能是比戈本人。

第三章
贫苦民众

谈到明治时期的底层社会，不得不提到的一本书便是横山源之助的名作《日本的底层社会》〔明治三十二年（1899 年）教文馆出版〕。横山源之助（1871—1915）出生于富山县，从富山中学退学后，他前往东京，立志成为政治家。受到二叶亭四迷等人的影响，他进入岛田三郎的《每日新闻》工作。在担任记者的这段时间，他调查了城市底层社会的真实生活情况、机械工业地区的劳工现状、富山县的渔民与佃农的状况，并发表探访报告，随后结集成书，出版了《日本的底层社会》。

书中谈到，住在东京本所区和深川区的穷人（底层阶级的民众）最多。做家庭副业的人、工匠手下的临时搬运工、车夫也主要来自这两个区。另外，本所区由于工厂最多，工厂的劳工较多。浅草区和神田区有一部分是工匠聚集的地方，日本桥区则是商人街居多。

军队里的勤杂人员、车夫、拾荒者都属于东京的底层社会。富山县的底层社会包括佃农、渔民、工匠、女工、从事多种工作的人、流浪汉等。而桐生、足利地区的底层社会则有女工、人力车夫、祭文说唱艺人、小摊贩（在闹市区和庙会摆摊卖货或者进行杂技表演的人）、烟管修理匠（更换烟袋锅和烟嘴之间竹管的人）、街头艺人等。

比戈在明治二十二年（1889 年）左右，从麴町搬到了向岛洲崎村。《鸟羽绘》的发行导致比戈遭遇了治安警察的跟踪和监视，为了避开他们，他搬入平民区生活。向岛离他喜欢的千叶稻毛海岸很近，交通比较便利。当时除与基督教会相关的人以外，很少有外国人居住在平民之中，因此他的记录十分具有价值。

自由民权运动时期，比戈通过发行讽刺时事的杂志《鸟羽绘》继续批判倾向于德国的明治政府。明治二十二年（1889 年）宪法颁布以后，自由民权运动结束。次年，国会成立，进入了新的时代，他决心用笔记录“职业”。第一本便是《国会议员之书》〔明治二十三年（1890 年）出版〕。估计是颇有权势的在日法国人普罗斯珀·富克等人给他提出建议，为他引荐，比戈才有机会住在国会议员的家中，通过他日常生活中的所见所闻集结成了这本画集。图 39《卖报人（2）》、图 42《青年活动家》、图 44《农民》都选自这本画集。

第二本是《繁忙的警察》〔明治二十四年（1891）年出版〕。比戈是外国人，也是经常被警察监视的对象。面向外国人出版的画集自然要以外国人最关注的日本人为主题，也就是警察。比戈住在市谷，估计他是去附近认识的警察家中取材，然后跟在他的身边，了解对方的日常生活，再集结成画集。出于了解“敌人”

真实形象的兴趣，这本画集卖得很好。除了普通版，还出了彩色版（限量 100 本）。图 46《小偷》就选自这本画集。

第三本是《东京艺伎的一天》〔明治二十四年（1891 年）出版〕。这本画集中有一张图名为《工作与乐趣两全的男子》，图中描绘的是公共澡堂的搓澡工，很少有人记录这种职业。另外，画集中还描绘了作为见习艺伎的雏妓练习舞蹈时的场景。

其他描绘底层民众的图还有石版木版画集《早晨》〔明治十六年（1883 年）出版、明治十八年（1885 年）出版〕中的《卖糖人》《搬运工》《送餐员》《卖报人》，《妓女的一天》〔明治三十二年（1899 年）出版〕中的《巡夜人》，《正月元日》〔明治二十三年（1890 年）出版〕中的《角兵卫狮子舞演员》《乞丐》，《大日本》〔明治二十五年（1892 年）左右出版〕中的《男佣》，铜版木版画集《再见》〔明治十七年（1884 年）出版〕中的《拾荒者》等。

本章中的作品体现了写实主义者比戈的真实水平。

◇ 卖糖人（吹糖人） ◇

这幅题为《卖糖人》的图中描绘了卖糖人的背影。孩子们目不转睛地盯着男子的指尖，只见他将圆圆的糖果粘在芦苇的一端，吹膨胀以后捏出形状，再涂上颜色。一开始叫作糖球，等把糖球捏成鸟的形状之后才叫“糖鸟”。在京阪地区，也有人出售卖糖人吹到一半的糖球，买回去的人可以自己塑形。

除了小鸟，卖糖人还会根据孩子们的喜好制作葫芦、三番叟面具形状的糖。制作的时候，他还会吹起唢呐召集孩子们，吸引他们购买。从事这种职业的一般都是老年人，就是为了赚点零花钱，或是没有手艺也没什么家人的人，将其作为无奈的谋生手段。木村舍三编著的《江户行商群像图鉴》中介绍了卖糖人卖的很多种糖，比如爷爷糖①、阿万糖②、阿弥陀糖③、阿驹糖④、千年糖⑤、

---

① 卖糖人会喊“爷爷来啦”。

② 女性卖糖人叫作“阿万”。

③ 卖糖人会念“南无阿弥陀佛”。

④ 卖糖人会唱才三和阿驹的恋爱故事。

⑤ 和千岁糖的来历相同。

安南昆南糖[①]、换平糖[②]、土平糖[③]等。

图 34　卖糖人

《早晨》明治十八年（1885 年）

① 卖糖人穿着唐装卖的唐人糖。

② 用旧物、废品来交换的糖。

③ 源于卖糖人的名字，名称多种多样。

◇ 搬运工（1） ◇

这张图名为《穷人的葬礼》，描绘了两名搬运工在雨中将装有遗体的棺材运往墓地的情景。葬礼比较简单，就在家里举办。遗体在前面，遗属在后面排成队。不过来的都是近亲，也没有多少人。地点应该是在江户幕府所划的市区之外，因为明治六年（1873 年）七月发布通知之后，东京府内已经禁止土葬了。

《开花新闻》于明治十七年（1884 年）二月二十一日报道称："浅草 35 家寺院向当局提出允许土葬的请求。"理由是越来越多的墓地位置偏远，搬运遗体存在困难。由于人口增加，土葬很难继续在东京进行下去。明治二十四年（1891 年）八月，警视厅禁止在东京市 15 区以及八王子町的墓地里土葬死尸和遗骨。明治三十一年（1898 年）十月，15 区以外的地方也禁止土葬了。

警察也会雇用这些搬运工，用于搬运自杀者以及刑事案件中的被害人遗体。比戈于明治二十四年（1891 年）出版的画集《繁忙的警察》中就绘有这类搬运工。因为不是每天都有工作，他们空闲的时候便会站在坡道下做推车人，跟在双座人力车等各式人力车的后面干推车的工作，也就是零工（在上坡路旁帮人推车赚钱）。

Le Convoi du pauvre.

图35　穷人的葬礼

《早晨》明治十八年（1885年）

◇ 送餐员 ◇

这张图选自石版木版画集《早晨》。这本画集正如它的标题一样，主要描绘的是早晨的景象。图中画着一位手持提灯的荞麦面店送餐员，应该正是黎明之时，估计他是去昨天送餐的地方取回餐具。男子可能也是个做荞麦面的厨师，毕竟如果自己开店，还是要做一些外勤工作。《早晨》有明治十六年（1883年）和明治十八年（1885年）出版的两个版本。不知道什么原因，原版损坏或者丢失，比戈在明治十八年（1885年）把同样的图又画了一遍。大多数作品都比之前一版改进了一些，但可能因为这幅图是明治十八年（1885年）版的第一张，比戈有些紧张，画得很差。

男子盘着发髻，但其实这种发型在明治十六年（1883年）已经比较少见了。送餐员的前面还有一条狗的尾巴。看到这幅图，不禁想起《团团珍闻》中的狂句：

同化之犬，目睹丁髻，吠声不止。

明治十五年（1882年）四月八日

习惯文明开化光景的狗看见梳丁髻的异常景象，都发出吼叫，这一场景着实幽默。

Le Marchand de Sôba.

图 36　荞麦面店送餐员

《早晨》明治十六年（1883 年）

◇ 消防员（巡夜人）◇

图中是夜间在吉原红灯区巡逻的消防员。他是红灯区所在町自费雇用的消防人员，每晚都驻扎在警卫室，进行夜间巡逻。警卫室设在町警卫门附近，用于维持治安、消防、处理町内事务、集会等。

吉原红灯区于元和三年（1617 年）形成，位于现在东京都中央区日本桥人形町二丁目、三丁目，之后遭遇过三次火灾。明历三年（1657 年）发生的第四次火灾造成了极大的损失，同年红灯区转移至浅草的浅草寺后农田区。之后，日本桥时期的吉原称为旧吉原，而移至浅草寺后的吉原称为新吉原。火灾也成为红灯区最畏惧的，由于烟草和供暖都需要用火，所以这里也是巡夜人每天最不能疏忽的地方。

这幅画巧妙地捕捉了吉原红灯区夜晚的情景。远处有等待接客的妓女，送餐员正送来晚饭或者是夜宵。消防员为了随时应对火情全副武装，他戴着皮革兜帽，身穿防火外套，戴着手套，手持铁棍。冬季风大的时候是最令人紧张的吧。

Le veilleur de nuit

图 37　巡夜人

《妓女的一天》明治三十二年（1899 年）

◇ 卖报人（1） ◇

《江户行商群像图鉴》中，出现了售卖瓦版小报的卖报人。“卖报人手拿一张印刷粗糙的瓦版小报，晚上在后颈插着一盏小提灯，站在街角和路口。卖报人两人一组，甲先说：‘第一段，大家都知道……’然后把这一张的内容生动地说出来。乙接着说：‘第二段，因为奇妙的缘分……’之后会说‘第三段，再仔细看看……’等，他们将前十段的内容都读完，再向听众兜售。”

图中描绘的是明治时期一十年代（1877—1886 年）卖报人的形象，是极为少见的一张图。带把手的箱子上写着“邮政报”三个字，估计是《邮政通知报》的卖报人。把手顶端挂着的铃铛使人从很远处就能听到声音，这样就可以准备好钱，在窗口处询问。从这幅图中，我们可以看到在送货制度还未成熟的年代真实的报纸销售过程。《团团珍闻》明治二十三年（1890 年）九月六日那期上有一首狂句：

卖报之声，听之如故，五厘五厘，一边走一边卖。

图中的男子也是这样卖报的吧。

图38　卖报人（1）

《早晨》明治十八年（1885年）

◇ 卖报人（2）◇

图中，两位卖报人正在街角高声叫卖报道议会丑闻的报纸。从图中可以看出，江户时期一边读一边卖报的传统延续到了明治时期。赤脚的少年看起来不拘小节，他卖的应该是《首都新闻报》。《首都新闻报》于明治十七年（1884 年）以《今日新闻》为名创刊，明治二十一年（1888 年）改为《MIYAKO 新闻》，明治二十二年（1889 年）改为《首都新闻报》，其特色在于文艺和戏剧方面。

左侧想买报纸的男子是国会议员，中间的青年卖的是《自由新闻报》。《自由新闻报》创刊于明治二十三年（1890 年）十月二日，是立宪自由党的机关报，图中可能在卖创刊号。从解说可以看出，他还卖《众说纷纭新闻报》《唠唠叨叨新闻报》等以议会丑闻为卖点的报纸。与这些报纸相比，《首都新闻报》的读者主要是底层中的中等阶级和贫苦民众。他们收入低、生活不稳定，只会在街上碰到感兴趣的事件时才会买报纸。明治二十三年（1890 年）时，有人会在报纸上出现名字的人的家附近大声朗读报道来卖报。

Demandez le Yakamachi chimbun, le goudzou goudzou chimbun, le dernier scandale de la chambre……

要买《众说纷纭新闻报》《唠唠叨叨新闻报》吗？上面有新鲜出炉的议会丑闻……

图 39　卖报人（2）

《国会议员之书》明治二十三年（1890 年）

◇ 角兵卫狮子舞演员（越后狮子舞演员）◇

图中描绘了东京的角兵卫狮子舞演员于正月在民居附近卖艺表演的场景。这种狮子舞又称越后狮子舞，它最先起源于越后国（新潟县）西浦原郡月潟村，在江户时期宝历年间（1751—1764 年）出现，之后在各国巡回演出。据说在室町时期，月潟地区遭遇洪水侵袭，有一名叫作角兵卫的男子提议全村集资，派村里的孩子去各国表演狮子舞。也有说法认为，角兵卫是狮子头的创作者。孩子们表演狮子舞的地方总能吸引人们的目光。

越后狮子舞在文化年间（1804—1818 年）至幕末时期（1853—1869 年）处于最鼎盛的时期。师傅带着几位跳舞的孩子去各国巡游，走街串巷，师傅念白，孩子们表演各种各样的曲艺节目。明治时期，因有人提出存在虐待儿童的问题，表演从而中断，但在昭和十三年（1938 年）以后又重新出现了。

因此，这幅画能够记录下明治时期的角兵卫狮子舞才显得尤为少见。江户时期，有的家庭将其作为主业。但进入现代后，跳角兵卫狮子舞基本上属于副业，演员们在农闲期和正月才会四处表演。要一直训练孩子表演应该很辛苦，到了义务教育的时代，可以想象基本上很难进展下去了。

En avant les culbutes…………
快看，要翻跟头啦……

图 40　角兵卫狮子舞演员

《正月元日》明治二十三年（1890 年）

◇男　佣◇

图中，受雇于高级将校宅邸的男佣正被夫人差来向雇主传话。他行礼时双膝弯曲，手贴地面，与左侧军人的敬礼形成鲜明对比。比戈对这一点很感兴趣。

以前家境富裕一点的人家会雇用女佣，中等阶级以上的家庭除了女佣还会雇用男佣。男佣需要清扫、砍柴、做饭、跑腿，做一些打杂的事情，一般会被雇用一年或者半年，不仅有薪资和服装，吃住都由雇主承担，但生病或者其他事故由担保人负责。男佣（下男）原本是江户幕府时期的职位名称，御台所和女官平常处理事务的房间各配有一名，通常负责一些杂事。在武士的家中，无论是多么低级别的武士家里，都会有一名男佣打杂，负责砍柴、烧洗澡水、跑腿等。这一传统延续到了近代，在大宅中居住的中产阶级家庭也会雇用男佣。在上流阶级的家中，还会有承担秘书职能的执事、管理马车的马夫和车夫等这些只有男性才能担任的职业。

大日本——现代的敬礼和旧式的敬礼。

图 41　男佣

《大日本》明治二十五年（1892 年）左右

◇ 青年活动家 ◇

图中描绘的是保护国会议员的青年活动家。他们拥有政治主张，是自由民权运动的活跃分子，大多出身士族和农民家庭。其阵营大致可分为支持自由党的、支持改进党的、支持政府的。自由民权运动结束、国会成立以后，他们便隶属于政党的外围团体，任务是为政治家的游说、演讲做准备，收集信息，警戒，护卫等。

这些青年活动家自己也会发表演讲。《东京日日新闻》于明治二十二年（1889 年）九月二十二日报道了第三届青年活动家演讲活动的情况：“昨日在鸥游馆召开的演讲活动共有 300 余名听众，警察 20 余名，女性也能看到六七名。各位演讲者都极为投入地攻击改进党，声称不能强行修订条约。最终，活动在连续不断的鼓掌喝彩声中结束。他们没有被反对声打断，似乎意气风发……”从反对改进党和当时情况下反对修订条约的态度可以看出，这是自由党系青年活动家的演讲活动。

川上音二郎的青年活动家戏剧以及时事讽刺歌谣“嗷派

开派调”[①]在明治二十四年（1891 年）左右极受欢迎，最终发展成新派剧。明治三十年（1897 年）以后，青年活动家给人的印象从政治青年转为没有固定工作的政治无赖，身份也不稳定。

Député escorté par ses fidèles soshi…

在忠诚的青年活动家保护下的国会议员。

图 42　青年活动家

《国会议员之书》明治二十三年（1890 年）

---

① 明治时期用以讽刺当时明治官僚的流行小调。——编者注

◇ 随军勤杂工 ◇

图中描绘的是中日甲午战争战场上的随军勤杂工。随军勤杂工从西南战争时开始出现，到中日甲午战争时已多达十几万人。记录他们的照片和图画非常稀少。他们不穿军服，没有什么亮点，所以描绘战争的锦绘中也没有他们。因此，比戈这幅记录下随军勤杂工形象的报道图才极为珍贵。

根据大谷正所著的《士兵与随军勤杂工的中日甲午战争》记载，动用如此大量的随军勤杂工的原因在于，人比军马要节省粮食。4 万匹马的马粮相当于十几万士兵的口粮，因此随军勤杂工便承担了马的工作。陆军的辎重（粮食、服装、武器、弹药的运输）、兵站（在战斗部队的后方向前方运送和补给人员、兵器、粮食等）部门都由随军勤杂工组成。因此，他们在薪资方面有一定优待，也能按照规定分到粮食。他们的工作繁重，而且伴随着死亡的恐惧。中日甲午战争中，日方的死者里有 1.3 万名军人（出动的总兵力 24 万人），以及超过七八千名随军勤杂工。由于节约了军费，日俄战争中新加入了辎重兵来代替随军勤杂工。

L'APPEL DES COOLIES JAPONAIS. — DISTRIBUTION DES VIVRES.

LA GUERRE SINO-JAPONAISE. — (Dessins de M. BIGOT, notre correspondant spécial.)

日军随军勤杂工点名以及分配粮食　中日甲午战争（我社特别通讯员比戈绘）

图 43　随军勤杂工

《世界画报》1894 年（明治二十七年）12 月 29 日[①]

① 《图画报》于 1895 年 3 月 16 日也刊登了同样的报道图。

◇农　民◇

图中描绘的是国会议员归乡时的场景。佃农向他行礼，说明这名议员可能也是当地的地主。他随身携带着短腰刀，这是为了保护自己不被反对议员政策的青年活动家袭击。

在明治时期的农村，这种佃农占据了一大半。地租改正政策〔明治六年（1873年）〕承认土地私有化以后，松方财政政策〔明治十八年（1885年）〕使得土地集中在地主手中。明治四十一年（1908年）时，日本全国的农民之中，佃农占将近三成，多少向地主租借了一部分耕地的半自耕农占四成，共计将近七成的农民向地主租借土地。地租、杂税、生活费让他们苦不堪言。那么自耕农的生活就富裕吗？其实也不尽然。从《朝野新闻》明治十八年（1885年）八月十四日的报道中便可看出他们的困境："近江国滋贺郡拥有1町土地的自耕农能够收获的米不过60袋。其中30袋是粮食，2袋上交给神社、寺庙和学校。扣除这些之后，剩下28袋在市场上可以卖50日元40钱。其中肥料等费用39日元，地税、地方税、村费27日元，给耕田人的薪资8日元，农具修缮费用2日元，除去这些费用后还有26日元的亏损。为此，他们便做日工去山中砍柴打猎弥补亏损。"

De retour dans son patelin.

图 44　回到故乡的国会议员

《国会议员之书》明治二十三年（1890 年）

◇ 拾荒者 ◇

这幅图将视线投向拾荒者，描绘了他灵巧地使用长筷捡垃圾的场景。比戈用铜版画这一极为精密的形式，描绘出日常生活中随处可见之人的生活图景。他面向在日外国人出版的画集《再见》发行后约两年，《朝野新闻》便在明治十九年（1886 年）十二月一日发表了这样的报道："现住在麹町五番町附近的法国画家比戈于前些年来到日本。他与东京市中心游荡的拾荒者以及新内调的说唱艺人等商人接触，将日本人最低贱的模样描绘下来传回本国。这会导致外国人极为轻视我国，实在令人难以接受。"

当时处于鹿鸣馆时代。报道认为，绝不能允许向外国人宣传每晚都有舞会和晚会的首都东京还有这样贫穷的人存在。在此前不久，明治十九年（1886 年）十月二十四日发生了"诺曼顿"号事件。英国轮船"诺曼顿"号在纪州海面沉没，英国 27 名船员全部乘船逃出，23 名日本乘客全部遇难。这一悲惨事件已然引发讨论，比戈的画也遭到了世间的强烈抨击。

图 45　拾荒者

《再见》明治十七年（1884 年）

◇小　偷◇

图中，小偷从民居出来时迎头碰上警察。之后，他便被逮捕了。小偷的模样以及现场的情况非常逼真，没有见过的人很难画出来。正因为比戈与熟识的警察共同行动了很多天，纪实画集《繁忙的警察》才会诞生。

《东京日日新闻》于明治十三年（1880年）九月十七日的报道中，记录了教导职这种面向不懂法的无知人士的官员应该履行的职责。“许多对法律一无所知的人以为无论偷几次东西，稍微受点惩罚就结束了。等他们触犯窃盗三犯律，第三次行窃后被判十年有期徒刑时才吃惊不已，无比后悔。所以，以后教导职进行说教时，最好将窃盗三犯律的内容详细说明清楚。”

明治二十三年（1890年）十一月一日颁布的法律中，对盗窃罪的量刑如下：在室外偷盗金额不满5日元时，无论是初犯还是再犯都处以“11日以上2个月以下的重度监禁”。很多小偷根本就不知道这条法律的存在，还以为就算被抓到，稍微受点惩罚就没事了。

Pincé !!!..... (pas de veine)

被抓到了……！（运气真不好）

图46　小偷

《繁忙的警察》明治二十四年（1891年）

◇ 搬运工（2）* ◇

Nettoyage des "dobu" (ruisseaux): le policemen veille à ce que le travail soit bien fait.

警察在检查沟渠清理工作的完成状况。

图 47　搬运工（2）

《繁忙的警察》明治二十四年（1891 年）

---

* 此职业在原书中并无文字介绍。——编者注

第四章
接客服务业
——工作的女性（1）

明治时期的女性中一大半都是农村女性，她们在十四五岁时结婚，生很多孩子，服侍婆婆和祖辈。明治和大正时期的人口平均寿命不到45岁，女性稍微长寿一点，但与男性的差距不到一岁。从统计中可以看出，明治和大正时期的男性人口一直多于女性人口，直到昭和十二年（1937年）这一情况才得以扭转。

近代男性人口多于女性人口的原因有两点：一点是在江户时期的农村，因女性无法成为劳动人口，存在杀害女婴的现象；另一点是农村女性存在过度劳累、粗茶淡饭、婆媳问题，再加上妊娠、生产时的难产与不卫生所带来的一系列问题。

农村女性因无法成为劳动力，便会早早嫁人或去城市里工作，成为女佣和女工。但无法从事这类正当职业的女性就会进入接客服务业，成为艺伎、射箭场拾箭女子、妓女甚至洋妾。很多人去马来西亚、菲律宾做妓女，也有人做妾依靠男子生活。

还有一种居家女性可以获得收入的工作，那就是家庭副业，比如栽培树木花草，养殖金鱼，制作昆虫笼、竹编制品、羽毛制品、伞、提灯、毛笔、团扇等，但这些只能贴补家用。《朝野新闻》于明治二十年（1887年）六月十五日报道，缝制专供出口的手帕一个月可以赚两三日元。一块手帕的缝纫费约 2 钱 3 厘，熟练的人一天可以缝五六块，不熟练的人一天也可以缝两三块。

在农村无法成为劳动力的女性来到城市，希望成为女佣。比戈将她们被雇用后的工作场景集结成了画集《女佣的一天》〔明治三十二年（1899 年）出版〕。他在《东京艺伎的一天》〔明治二十四年（1891 年）出版〕和《艺伎的一天》〔明治三十二年（1899 年）出版〕中描绘了艺伎的日常生活。前者描绘的是艺伎的社会生活与充满活力的工作状态，后者描绘的是艺伎烦恼于与资助人的关系、担心官府取缔等职业中的艰辛之处。《妓女的一天》〔明治三十二年（1899 年）出版〕则集中描绘了各类妓女拼命工作的情景。

至于面向外国人的妓女洋妾、横滨居留地内的红灯区以及在那里工作的鸨母，很少有人了解并记录下其生活状况。另外，比戈还描绘了作为见习艺伎的雏妓以及贫穷的卖艺女子（新内调说唱艺人）等职业的画像。

宫武外骨主持发行的《滑稽新闻》于明治四十一年（1908 年）九月二十日发表了题为《女性的职业》的讽刺画，其中介绍了有限的几种职业，比如女性义太夫说唱艺人、流浪女、妾室、妓女、艺伎、杂耍艺人等接客服务业的职业。其中，流浪女比较让人感兴趣。正当职业包括卖花女、电话接线员、烟草店店员、明信片店店员、裁缝、保姆、乳母、按摩女、浣衣女、事务员等。

除此之外，绘画模特（比戈是找艺伎来做裸体模特）、女演员等也属于接客服务业。明治时期三十年代（1897—1906 年）出现了售票员、邮递员，递信省甚至出现了女性判任官。据报纸《日本》明治三十九年（1906 年）七月二十二日报道，电车公司雇用女性事务员的条件是“日薪 20 钱至 50 钱，工作 8 小时，要求小学毕业且未婚”。

◇洋　妾◇

图为横滨居留地的妓女出没的一角。英国的陆海军士兵一边走一边物色女性。左侧的士兵在比戈的其他作品里也出现过，估计是比戈带着合得来的同伴一起去的。当时，男子抽烟斗比较流行。

这些妓女多少应该会说一些英语。看到将近120年前的日本女性说英语的情景，实在引人好奇。比戈的画集《日本的维多利亚女王在位60周年纪念庆典》〔明治三十年（1897年）出版〕中，描绘了妓女们在居留地酒店的宴会上游走在喝醉的外国人中间的画面，对待他们估计不需要说外语了。

在《妓女的一天》〔明治三十二年（1899年）出版〕中，绘有《在外国人宅邸中与年老外国人嬉戏的上门妓女》以及《身穿洋装和分趾袜只接待居留地酒店外宾的卖春女》。横滨居留地附近有红灯区，但也有一些积极去居留地上门接客或开店的妓女。

a la recherche de l'inconnue

图 48　探索未知的世界

《横滨闲话》明治二十四年（1891 年）第 1 卷第 11 期

◇鸨　母◇

这张图描绘的是前一张图中店铺的内部景象。鸨母管理着两名妓女。屋里十分单调，只有一张桌子和两张椅子，仪式便这样开始了。鸨母首先请客人品尝餐前酒（图上能看见有黑色三角形标记，可能是贝斯淡色艾尔啤酒），让妓女坐在客人的大腿上简单聊聊天，接着看准时机邀请两个人走上左上角的台阶。左侧的两个人站着和客人对话，也表示时间不会很长。鸨母正在极力推荐身边的妓女，但士兵指着别的方向，说明左侧可能还有其他的妓女。

鸨母原本是艺伎的随从，但像图中的妓院里也会有。有时可能鸨母自己就是老板。

房间的角落里随意地摆放着生活用品，说明这里不是休息室，而是谈生意的地方。屋里可供取暖的只有一个火盆，冬天只会让人想快点结束交谈。墙上挂着一幅画，属于最低限度的装饰品了。

图 49　惯例的餐前酒和伪善的仪式

《横滨闲话》明治二十四年（1891 年）

◇妓　女◇

从客户就能看出店的级别。图中描绘的是吉原的低级妓女面向街道等待客人的场景。晚上 6 点，盛装打扮的女子们来到装有格子窗的大厅，客人物色后并买下她们。这一过程便是挑选阶段。她们手上拿着的长长的烟袋，是为了隔着格子窗让客人吸烟以吸引对方的注意，或者是为了用烟袋荷包缠住客人的袖子来挽留他们。

吉原有将近 3000 名妓女。她们大多是父母债务的抵押品，为了还钱在这里工作。比如，如果妓女签 6 年的卖身协议，按照 12% 的年利率预支 310 日元，那么每次接客的收入就是 50 钱。其中，25 钱属于经营者，22 钱用来抵利息，剩下 3 钱是妓女的零花钱。妓女的一般雇用年限是 18—27 岁这 10 年。到了 28 岁，她们就会恢复自由之身，但在此之前要把债务全部还清，所以她们不得不拼命工作。大部分死亡的妓女都会被送往投葬寺，基本上都不到 25 岁，可谓是一份残酷的工作。

在吉原（喜乐之原），女性所在的笼子前。

“哎呀哎呀，这可真让人赏心悦目。但是，怎么都没人进来给咱们的烟管里添上烟草呢。”

图 50　妓女

《圣·简奴报》1901 年（明治三十四年）11 月 23 日

◇ 射箭场拾箭女子 ◇

射箭场在关西称为杨弓场，在江户称为矢场。图中描绘的便是在射箭场这一娱乐场所工作的女性以及两名为了她而来的男性客人。明治时期，东京比较热闹的地方有芝神明町（现在的大门附近）和浅草的奥山（浅草寺本堂背后的西北侧一带）等处。正如《团团珍闻》中的一句话故事和狂句所说：

杨弓场的女子问，这支箭要丢弃吗？不，我还要射的。

明治十三年（1880 年）五月二十二日

撞到的人，正是矢场女子。

明治二十六年（1893 年）六月十七日

客人会去拾箭女子长得漂亮的射箭场，以射箭为名劝说她们换个地方共度良宵，有点类似于可以玩飞镖的夜总会俱乐部。比戈在明治二十一年（1888 年）也画过一幅油画版的《射箭场拾箭女子》（福富太郎收藏），但这一幅中的女子更为丰满婀娜。两幅画在人物的背后都绘有酒的广告，准确程度惊人。这幅画描绘了射箭场这一日本男女交流的地方，还有汉字和平假名出现，极具东方风情，后在巴黎的沙龙展出。

图 51　射箭水平

《早晨》明治十六年（1883 年）

◇ 卖艺女子（新内调说唱艺人）◇

“看她衣衫褴褛，赤裸双足，多么可怜的模样。”这句话来自《朝野新闻》明治十九年（1886 年）十二月一日的文章，指的便是图 45《拾荒者》中所说的新内调说唱艺人。这幅画名为《路边的歌手》，画中的二人都是新内调说唱艺人。一般的新内调说唱艺人都是两人一组在街头漫步，她们合奏两把三味线，根据客人的要求说唱新内调。而她们只有一把三味线，站在民居前唱歌，比较接近于卖艺人。她们可能是母女或者姐妹，似乎身体有些残疾。

街边艺人都属于接客服务业，客人的反响好坏会导致他们的收入激增或锐减。要是居民假装不在家，就一钱也没有。看她们为了吸引人的目光而敞开衣服的样子实在令人痛心。不仅如此，很明显，她们的生活已经窘困到连买鞋子的钱也没有。

明治时期的东京街头应该能看到很多这样的卖艺人和乞丐，尤其是无处工作的女性以及残障人士，他们为了活下去所作的努力在写实主义者比戈的心中应该留下了深刻的印象。

图 52　路边的歌手

《早上好》明治十六年（1883 年）

◇ 艺伎（1）◇

艺伎的打扮令人惊异。画中描绘的艺伎从她身后的鹿鸣馆出来，还没来得及换衣服就要赶赴下一场宴席。在另一场宴席上，鸨母应该已经准备好服装等着了。鹿鸣馆一直很缺会跳舞的女性，为此他们召集了训练有素的艺伎，她应该也是其中的一员。

既然得到这个机会，说明她无论是相貌、胆量还是弹奏三味线的技术都是一流的。接下来，在另一场宴席上，她可能就要展示自己绝妙的三味线水平了，因此才赶着时间从鹿鸣馆直接过去。在明治二十年（1887 年）的东京街头，穿着洋装行走并乘坐人力车的女性应该相当引人注目吧。她可能为了引起别人的注意，才特意不换装就奔赴另一场宴席。如果能用鹿鸣馆的名头宣传自己，在另一场宴席上应该也能这么打扮。

在市中心揽客的车夫也吸着雪茄，用头巾把头发打理整洁，看上去颇为时尚。他腰上围着的是给乘客准备的盖毯。

在这种讽刺画中出现鹿鸣馆可谓极为少见。

现代日本——时髦的歌手正赶赴市中心的演唱会。

图 53　艺伎（1）

《鸟羽绘》明治二十年（1887 年）十一月一日第 18 期

◇雏　妓◇

图中描绘的是国会议员——炙手可热的新职业——带着艺伎、雏妓和鸨母在上野公园散步的场景。有时雏妓可能是艺伎的妹妹，而鸨母是艺伎的母亲。国会议员的年收入有 1000 日元，所以就算把一家都包下来养着也没有问题。

雏妓是见习艺伎，从少女时期开始就要学习歌舞音乐和成为艺伎必须了解的礼仪规矩。比戈曾经画过年幼的雏妓练习跳舞的模样（《东京艺伎的一天》），以及感冒流行时期与艺伎一起卧床的雏妓（《艺伎的一天》）。

《朝野新闻》于明治十二年（1879 年）四月二十七日对大仓喜八郎提出降低雏妓税进行了报道："本月二十三日的府会上，38 号议员大仓在讨论艺伎界税额的过程中提议，应将艺伎税定为 3 日元，将雏妓税降至 1 日元 50 钱。经多数议员同意后通过。"至此，之前未有定数的艺伎税得以敲定，雏妓税也明确规定为艺伎税的一半。可能因为大仓喜八郎是一名从武器商人和政商起家的实业家，才有机会接触并了解艺伎界，故提出改革的必要性。

Ballade sentimentale à Oueno en compagnie de guesha ....

艺伎相陪，在上野浪漫地散步……

图 54 雏妓

《国会议员之书》明治二十三年（1890 年）

◇妾◇

图中描绘的是带着妻子和妾来到温泉旁的男子。他体形魁梧，看起来财力雄厚。自然，左侧的妻子似乎心情不好，而右侧的妾则对新丈夫很满意。男子可能与妻子一直没有孩子，而妾怀上了他盼望已久的孩子，因此看上去十分愉悦。但是，这种三人旅行在现代根本难以想象。

明治初年，上流社会的人基本都纳妾，妻妾共住的家庭也不少。另外，华族需要按规定向太政官申报妾室（蓄妾申报状）。明治三年（1870年）颁布的《新律纲领》是明治时期第一部刑法。该法强化家长权，公开承认一夫多妻，是一部封建的身份制刑法。另外，明治三十一年（1898年）施行的民法也认定了家长权为大的封建家族制度。

在这种背景下，图中的三人之旅在明治时期应该也不少见。对于女性来说，财力雄厚的男性才会给自己带来幸福，因此她们也奋力拼搏。如果不能成为妻子，退而求其次做妾也可以。也有女性认为男性的年龄并不重要。

妻子和妾陪着泡温泉的客人。

图55　妾

《日本人的生活》明治三十一年（1898年）七月第2期

◇ 艺伎（2）* ◇

Echutto Danna, o miyagué Katté Koudassaye yô ……

稍等一下，老爷，买点小礼物吧……

图 56　艺伎（2）

《艺伎的一天》明治三十二年（1899 年）

* 此职业在原书中并无文字介绍。——编者注

第五章
为数不多的正经职业

——工作的女性（2）

江户这座城市里的男性异常之多，比如在享保六年（1721年），男性是女性的1.8倍。江户能卖出大量的春宫浮世绘也是因为单身男性较多。在处于建设期的城市，男性较多属于普遍特征。因此，到了幕末时期，江户的男女比例下降至100名女性比105名男性。但到了明治时期，男性的比例又升高了，因为出现了新的行当、行业和企业，对男性劳动者的需求增加。

鬼头宏著的《图说：从人口看日本史》中出现了“都市配偶率”这组有趣的数字（见下），内容为东京男女各自的配偶率。从中选取明治二十一年（1888年）和明治四十一年（1908年）的部分来比较。

明治二十一年（1888年）	男性	35%	女性	48%
明治四十一年（1908年）	男性	50%	女性	72%

所有年龄段男性的配偶率都较低，而女性的配偶率随着近代化的发展急速上升。这一事实意味着什么呢？在近代化过程

中，男性的配偶率虽然没怎么上升，但已婚男性的绝对数值增加了。也就是说，女性必须依靠男性的社会现象越来越严重了。其中最大的原因在于，女性找到可以养活自己的工作获取薪资越来越困难了。与此同时，对女性的教育中，“女性应该生儿育女，守护家庭”的观念传播开来，这一点也不能忽视。

因此，明治时期，女性成为“职业妇女”的机会非常有限。村上信彦所著的《明治女性史》中就提到了一些新诞生的职业，比如：

1. 初期

小学教师、印刷工人、官营工厂女工。

2. 中期

新式接生员、女工（缫丝、纺纱、纺织、其他普通工厂）、电报员、女医生、速记员、护士、电话接线员、女囚看守、看守（劝业场、展示厅等）、女性记者。

3. 后期

事务员、电报调查员、模特、铁路售票员、邮递员、店员、药剂师、研究员、监狱教导员。

这些都属于存在具体工作场所案例的职业。比如，明治二十三年（1890 年）岛根县雇用女囚看守，明治三十二年（1899

年）上野站和明治三十三年（1900 年）新桥站雇用铁路售票员，明治三十九年（1906 年）北里传染病研究所雇用研究员。

本章将介绍在接客服务业之外工作的女性。其中高级公务员（图 66）和道路引导员（图 67）在《明治女性史》中也没有出现过。比戈用图画记录的内容为近代女性史的研究提供了新资料。

◇店　员◇

图中，在集市的杂货店里，年轻的女性在看店。当时大约是冬天，还用火盆取着暖。用于照明的是进口西式煤油灯，也叫中国灯（因与中国人的脸相似而得名）。两名正在休假的士兵一边和店员谈天一边准备购物。店员长得好看自然就不由得买点什么。最右侧的男性戴着帽子和墨镜，穿着披肩和皮鞋，都是当时的风潮。

商店的店员一般为女性，因此没有“女店员”这一说法。那么以“女”字开头的职业都有哪些呢？《新闻集成明治编年史》的索引中有以下这些：

女医生、女老大、女盘发师、女盗贼（在旅馆趁客人睡着时偷走其财务的人）、女记者、女性义太夫说唱艺人、女马夫、女侠客、女相扑选手、女性青年活动家、女辩护人（律师）、女性习字师傅（书法老师）、女哲学家、女传教士、女性电话接线员、女画师、女帮闲（艺伎）、女演员、女博士、女配音员、女性民权主义者、女药剂师、女性落语艺人、女理发师。

图 57　集市上

《士兵的一天》明治三十二年（1899 年）

◇ 女盘发师 ◇

女盘发师是指主要为女性盘发的人。这是一项在榻榻米上完成的传统工作，这样女性客人正坐时也比较轻松。图中，放在地上的头发应该是假发。

《朝野新闻》于明治十八年（1885 年）八月十九日对京都女盘发师的盘发费问题进行了报道："东京与京都内的女盘发师有 500 名以上，但盘发费没有定数。上至 8 钱，下至 3 钱。近来她们已成立同行协会，正在商讨统一盘发费的事宜。"《东京日日新闻》于明治十八年（1885 年）九月四日对东京的女盘发师跟随时代潮流集结起来的动向进行了报道："京桥区附近的女盘发师联盟不愿落后于山手附近的同行，本次有 20 名女盘发师聚集起来，以束发的练习方法为题召开了会议。"束发是明治一十年代（1877—1886 年）后期女性之间较为流行的西式发型，需要使用发油，因轻便卫生而流传开来。

另外，从以下短句中可以看出，女盘发师较为热心肠。

女盘发师，结发也结缘。

《团团珍闻》明治十九年（1886 年）七月十日

图 58　女盘发师

《日本速写》明治十九年（1886 年）

◇ 中介人 ◇

中介人是指以介绍撮合雇主和佣工为职业的人，也叫代办人，有时也指媒人和诉讼代理人。这幅图画的就是横滨居留地附近的中介，一名外国人前来招聘女佣。他应该之前就委托过中介找寻女佣，这次似乎因为有合适的女性而在此见面。

这幅画绘制时还没有职业介绍所的说法，中介人一般都是由人缘好、热心肠的年长女性来担任。她们没有工作地点，一般就是在自家的走廊上交涉。《大阪日报》于明治十八年（1885年）十二月二十四日对京都出现的职业介绍所进行了报道："为了方便工匠寻找工作以及妇人找到鹿纹扎染和修补鞋袜等家庭副业，京都市内 23 家富商经讨论后，在市内设立了职人会社。该机构在开始阶段向雇主以及寻找工作的工匠收取一定的手续费，为双方进行介绍。此外，向不知道家庭副业招工状况的妇人等群体发布工作信息，为手工艺人也提供机会，可谓是极为便利的工匠介绍所。"

图 59　中介人

《早晨》明治十六年（1883 年）

◇ 女侍者 ◇

图中描绘的是餐馆的女侍者给别院宴席送餐的情景。当时，女侍者还不叫“女给”，而叫“给女”。可能因为绘制的是背影，这幅画给人一种沉静的感觉。比戈将她的发型、服装、腰带、鞋袜传达出的日式美感都描绘了下来。别院的圆窗、庭院里的石灯笼、石子路也都突出了日本特色。先不说外国人能不能理解她端着的食案和碗，这幅作品将比戈喜爱的日本主义情景都浓缩其中。

餐馆的女侍者一般都没有薪资，她们靠客人给的打赏购置衣物。生意好的时候应该足够了，但生意不好时又如何是好呢。《朝野新闻》于明治二十四年（1891 年）二月二十一日报道了餐馆女侍者的薪资事宜：“……今年一月起经济开始不景气，导致历年收入在十二三日元的女侍者如今的收入只有 5 日元左右，而现下有些中型餐馆的女侍者的薪资为一个月 2 日元或 3 日元左右。”当时，木匠的日薪为 45 钱，巡警的初始薪资为 8 日元，这样看来女侍者的薪资相当微薄。

图 60　女侍者

《早上好》明治十六年（1883 年）

◇女　佣◇

图为陪伴夫人出门的女佣。女佣也称女仆、女婢、侍女、打杂丫头等。很多贫穷的农村女性因无法成为劳动力便受雇成为女佣。相反，丰年时女佣便较为紧缺。《朝日新闻》于明治十三年(1880年)三月二十七日报道称:“更换女佣的时期已近,但由于近郊及其他地区粮食丰收、米价上涨,各处农民收入颇丰,很少有人愿意去做女佣。女佣短缺导致东京的中介陷入困境。”社会富裕之后，女佣这类低工资高强度的工作渐渐消失，二战后的日本就说明了这一点。

经常有女佣因与男主人发生肉体关系而与夫人产生矛盾。《团团珍闻》中就有很多这样的狂句:

拔刀夜袭，攻陷女佣。

明治十年（1877年）十月二十七日

女佣夜从主命，白日无用。

明治十五年（1882年）三月二十五日

此外，还有一句“女佣与母，小巷深处相聚”〔《团团珍闻》明治十七年（1884年）二月二十日刊载〕，描绘了女佣与母亲背着雇主偷偷见面的场景，这一画面比较有明治时期的特色。

图61　女佣

《女佣的一天》明治三十二年（1899年）

◇主　妇◇

图中描绘的主妇正将用柴火烧的饭从锅里盛到饭桶中端走。比戈用铜版画细致地表现了蒸汽从锅中弥漫出来的情景。这幅画收录在原本计划于明治二十二年（1889 年）出版的比戈的第四本铜版画集《日本》中。原本打算收录其中的画作还有五六张，但不够结集成册，最终没有出版。可能因为当时比戈需要完成展示在巴黎沙龙中的油画才作罢。从这幅画中也能看出，如果《日本》能够出版，比戈作为铜版画家受到的评价可能会有所不同。可以说，他的技术已经更进一步，甚至达到了顶点。

明治时期，主妇的工作极为繁重。尤其在冬季浣衣时，要打井水、拎水桶，接下来手在冷水中工作也会让手皴裂。用柴火烧饭时周围都是烟雾，用斧头砍柴对女性来说也极为辛苦。因此，稍微富裕一点的家庭都会雇女佣来完成这些高强度的工作。明治时期的主妇还有一项高强度的工作，那就是生育很多孩子。

图62　主妇

《日本》明治二十二年（1889年）（原定）

◇ 女学生 ◇

束发和戴眼镜的女学生明显头部比较西化，长长的刘海显得学生气十足。她眯缝着眼睛，看上去有些自命不凡，但好奇心也十分旺盛。她可能是女子高等师范学校的学生。《朝野新闻》于明治二十六年（1893 年）四月七日报道称，该校决定以和服作为制服。她穿的应该就是制服。油纸伞、包袱皮、无指手套、木屐都是固定搭配，但装有饭盒与教科书的彩色包袱（小口袋？）可能属于当下潮流。

无论在哪个时代，媒体都会关注女学生的作风问题。《朝野新闻》早在明治二十年（1887 年）二月二十五日就谈论过这个话题。报道的内容如下："关于这一方面，私立女校的寄宿学生经常作出不恰当的行为，不仅影响学习，也有损女性风化。今后，当私立女校配备宿舍供学生寄宿时，可以制定严格的规定，配备专人监督提醒。"

日本人的类型。

图 63　女学生

《小道消息》明治二十七年（1894 年）一月第 3 期

◇护　士◇

明治二十九年（1896 年）六月十五日，三陆地区遭遇巨大海啸，死亡 2.2 万人，被冲走和破坏的房屋超过 1 万座。图中为正在穿过岩手县大股山口前往灾区的救灾队伍（比戈也在其中，图中戴着防暑遮阳帽背对着画面的男子，可能是他描画的自己）。救灾队伍召集了很多护士，她们应该隶属于日本红十字会。

明治十年（1877 年），西南战争爆发后，佐野常民等人创办了博爱社，参与战时救援。明治二十年（1887 年），博爱社改名为日本红十字会。明治二十一年（1888 年），日本红十字会在磐梯山火山爆发时也进行了灾区救援行动。明治二十七年（1894 年）中日甲午战争时，首次有护士随军。这次三陆海啸以及明治三十七年（1904 年）的日俄战争中，都有众多护士的身影，让许多人知道了她们的存在。护士教习所〔明治十八年（1885 年）有志共立东京医院设立〕、京都护士学校〔明治二十年（1887 年）建校〕、护士讲习学校〔明治二十三年（1890 年）日本红十字会设立〕、护士养成所〔明治二十七年（1894 年）中央护士会设立〕等都可以培训护士，为女性通过工作自立开辟了道路。

图64　护士

《图画报》1896年（明治二十九年）9月26日

◇ 女教师（训导）◇

图为东京的小学在元旦时上课的情景。中间的校长致辞之前，大家正跟着训导老师（旧式小学中正式教师的称谓，相当于现在的教谕）的风琴伴奏齐唱国歌。由于男女分开上课，图中的班级只有男生。基本上看不到留着光头的学生。由于是在正月里，所有人都盛装打扮。

明治五年（1872 年）公布学制、次年全国设立小学之后，培养教师成了当务之急。为培养女性教师，明治八年（1875 年），东京女子师范学校〔明治二十三年（1890 年）升为女子高等师范学校，御茶水女子大学的前身〕建校。参加入学考试的共有 193 人，通过 74 人（通过率约 38%）。但 4 年后第一批毕业生只有 15 人，说明 5 个人中只有 1 个人能毕业，其中就包括鸠山春子（鸠山一郎之母）、青山千世（山川菊荣之母）等人。

当然，女教师的薪资比男教师低。据说明治政府大量培养女教师的原因在于，2 名男教师的薪资就可以雇用 3 名女教师。即便如此，教师也是为数不多的女性能够获得稳定收入的职业。

LE PREMIER DE L'AN AU JAPON. — A l'école primaire : l'hymne national

日本的正月元日，小学里齐唱国歌。

图 65　女教师

《画报》1904 年（明治三十七年）1 月 3 日

◇ 高级公务员 ◇

图中的高级官吏和他的夫人在家中穿着洋装，坐在桌边一边喝啤酒一边吃咖喱饭。以他们的身份足以雇用厨师。夫人也是在外务省之类的地方工作的职业女性。他们对厨师一成不变的菜单颇有不满，三人的对话如下。

丈夫：“佐吉，辛苦了。早上实在没办法才吃了日式早餐，中午我和妻子都在机关，至少晚上我希望能喝到汤，吃到牛肉和咖喱饭。”

厨师：“遵命，您说的极是。”

夫人：“老爷说的是，可惜日本的生活水平太低了。”

从对话中可以看出，二人是在机关里工作的公务员，一起在海外生活了很长一段时间，因此对于晚饭没有汤和牛肉很不满意。在这个时代，女性担任高级公务员极为少见。她旁边摆放的外文书说明她外语能力超群，负责口译和笔译等工作。

某位官员的晚餐——咖喱饭、鸡蛋、泡菜（腌菜）、咸菜、德国啤酒。“厨师，能不能不要每天都做一样的菜？稍微换点菜式吧。”

图 66　高级公务员

《鸟羽绘》明治二十一年（1888 年）六月一日第 32 期

◇ 道路引导员 * ◇

图 67　道路引导员

《东京至神户的铁路》明治三十二年（1899 年）

* 此职业在原书中并无文字介绍。——编者注

第六章
振兴城镇的搬运工
——运输行业从业者

明治十五年（1882年），来到日本的比戈从横滨前往东京的一位意大利人家拜访，讨论自己的安身之计。不知不觉间已经过了晚上10点，就要赶不上火车了。之前买的车票只能当天使用，更糟糕的是，他身上只有20钱了。于是，比戈只好走回了横滨。坐火车只要40分钟，他却走了9个小时（1882年2月22日给母亲的书信中提到）。而现在坐普通电车需要27分钟，坐新干线需要17分钟。

在近代社会，速度就是美德，这源于人的活动范围扩大，对生产率和效率有着极高的要求。因此，人需要比马和轿子更便利的交通工具。这时，就有人发明了人力车。

明治三年（1870年），人力车获得制造许可。次年，人力车已经向国外出口。经过明治和大正时期，向中国和东南亚各国出口人力车已经成为一种产业。明治十三年（1880年）起开始统计出口数量，到明治四十三年（1910年）达到顶峰，年出口量为1.4万辆。明治末年，出口国和日本一样开通了电车，另外汽车得到改良和普及，人力车的需求逐渐减少。但“人力车”这个词语在现代依然得以保留并继续使用。

昭和四十六年（1971 年），美国宇宙飞船“阿波罗 14”号的登月舱“心宿二”登月后使用的两轮搬运车的昵称就是“人力车”（rickshaw）。

明治五年（1872 年），新桥和横滨之间的铁路开通，之后铁路网遍布全国，需要雇用大量的人员。除了驾驶员、车站站长、火车站乘务员、铁路养护人员等铁路职工，还诞生了车站盒饭商贩以及小卖店店员等新职业。此外，还有为乘客提供的电话和人力车等便捷的服务。

在明治时期，公共马车、轨道马车、个人与团体拥有的马车也是主要的交通工具。马作为交通工具占据了前所未有的重要地位。由于马也用于农耕和军队之中，各地都开有马市。明治十五年（1882 年），在轨道上行驶的轨道马车在东京出现，由于它增加了行驶路线，更为方便快捷。甚至有人说，明治二十三年（1890 年）开始试运行的电车的实用性都因轨道马车而降低。

本章将聚焦公共马车和轨道马车的乘务长来介绍。这类职业很少有图片记录，因此比戈的画也属于非常珍贵的历史资料。

明治三十一年（1898 年）二月六日，有人在东京街头看到汽车行驶而过的景象。这是法国人泰弗内从筑地居留地开车前往上野时的情景，他为了销售汽车而将其带入日本，并进行行驶演示。比戈也目睹了这一场景，并画成了漫画（《比戈看日本人》第 201 页）。这辆汽车价值 6000 日元，没有日本人能买得起。但在 5 年后，明治三十六年（1903 年）时，京都的公共汽车开始运营，同年东京也终于出现了有轨电车。

◇ 铁路职员 ◇

明治二十二年（1889 年）七月一日，东海道线新桥至神户段全面通车。明治二十四年（1891 年）九月一日，日本铁路上野至青森段全面通车。明治二十七年（1894 年）六月一日，山阳铁路神户至广岛线开通。在两个月后爆发的中日甲午战争中，该线路为宇品港向外输送军事物资提供保障。山阳铁路神户至马关（之后的下关）段的全面通车是在明治三十四年（1901 年）五月二十七日。

于是，从明治五年九月十二日（1872 年 10 月 14 日）新桥至横滨段铁路通车之后，铁路网遍布全国，为此需要的铁路职员数量年年增加。原本火车驾驶员只由外国人担任，但从明治十二年（1879 年）四月起，火车驾驶员中开始出现日本人，之后外国人迅速被日本人所替代。另外，明治十三年（1880 年）六月二十八日，完全由日本人建造的东海道线京都至大津段的逢坂山隧道完工，日本的铁路建设工程在此之后也逐渐摆脱对外国人的依赖。

与铁路相关的职业种类繁多，比如车站站长、车站副站长、售票员、检票员、技术工等。图中描绘的就是当时的检票员。

铁路职员从这项工作开始做起，之后会经历火车站运营中各种各样的职业。在明治时期，企业处于发展阶段，因此工作比较稳定。

Vos billets .... anata no Kippoia ....

“你的车票……”

图 68　铁路职员

《东京至神户的铁路》明治三十二年（1899 年）

◇ 售票员 ◇

图中是与新桥站售票员无法沟通的唠唠叨叨的法国大尉。因为对方不懂英语和法语，大尉无法买票，正焦躁不已。周围的人正兴致勃勃地围观着。这可能是比戈来日本初期自己的亲身经历吧。

由于对这种态度冷淡的男性售票员评价太差，最早在明治三十二年（1899 年）开始试着用女性来代替他们。《东京日日新闻》于明治三十二年（1899 年）七月二十日报道称："以前我国铁路车站的售票员向乘客售票时，由于对待乘客的态度不够亲切而伤害到乘客，许多人都有过亲身经历。虽说各有关领导应给予恰当的关注，但究其主要原因，在于是由男子担任这样简单的工作。为了改善这一问题，日本铁路运输公司久保运输课长提议，首先将上野车站的售票员改为女性。现在正处于调研当中。"售票员引发问题的背景在于，他们觉得自己是官员一样的精英。这幅画也表现出，轻视客人的风气在面对外国人时也存在。

东京的新桥站（与售票员争执的唠唠叨叨的大尉）——

售票员：“你好，你，如果，你，铁路，去，动机（东京），我，知道，不知道，横滨，哪儿你……如果……那么……那个，你……工作人员……不知道……”

唠唠叨叨的大尉：“听不懂，听不懂，你，笨蛋，我，重来，我不知道这个狡猾的男人在说什么，买一张票就花了一个小时了……”

图 69 售票员

《唠唠叨叨大尉的冒险》明治三十年（1897 年）

◇船　夫◇

图中描绘的是一艘驳船正从停在横滨港的英国军舰向港口运输士兵的场景。这名在图 48 和图 49 中也出现过的英国士兵约翰（他的名字在这幅图中首次出现）可能要去东京观光。《图画报》于 1894 年（明治二十七年）9 月 1 日将其模样分成两页彩页进行介绍。

画面看似平静，下船时却困难重重。乘船前就算已经商量好船费了，付钱时对方还是会要求支付小费。要是给得少了，船夫还会抱怨，甚至引起争执。比戈的诗画集《横滨叙事诗》中也提到过，乘坐日本的交通工具时，只有外国人需要支付特殊费用。乘坐人力车时也经常产生矛盾，就连在剧院，外国人都要支付特殊费用。15 年前，我在中国的博物馆也同样支付了外国人特殊费用。

这名男子头梳丁髻，身穿和服，看起来像是渔夫来做副业。后方的军舰应该是停泊在横滨港的英国东洋舰队的四艘军舰之一（旗舰“英浦留斯”号）。记录显示，该舰队于明治二十四年（1891 年）七月二十八日向函馆起航。

John descend à terre ………

约翰要下船了……

图 70　船夫

《横滨闲话》明治二十四年（1891 年）第 1 卷第 11 期

◇ 人力车夫（1）◇

图中描绘的是客人与艺伎共度良宵后早上归来的场景。人力车夫先把艺伎送回，之后再回家。因为不是双人座的人力车，而是两个人坐单人人力车，所以雇了两位人力车夫。明治二十年代（1887—1896 年）后期，由于双人座的人力车渐渐消失，这种乘坐方式也推广开来。另外，由于铁路、轨道马车的出现，人力车行业的情况显得较为严峻萧条。《邮政通知报》于明治二十三年（1890 年）九月八日针对这一现象进行了报道："20 年前，当轿子不再流行而人力车刚刚出现时，车上还画着自来也、山姥、金时等图案，颜色丰富，十分华丽，而且车身也十分庞大。不知从何时开始，这些都慢慢消失了。由于会遭到雨淋和鸟类袭击，车体改成了漆黑的橡胶车棚，逐渐变得朴素起来。近来，连双人座的人力车也少了很多。向人力车的乘客问起坐单人车的感想，对方表示单人车的乘客少，在繁华的地方也只有单人车可以快速通过。也不知道这是变得更奢侈还是更方便，但不久的将来，双人车的数量应该会继续减少。"

遇到急事时，经常也会有人雇两位车夫来拉单人车。

图 71　人力车夫（1）

《日本人的生活》明治三十二年（1899 年）第 9 期

◇ 人力车夫（2）◇

图中描绘的是两辆人力车沿着横滨居留地坡道下坡的场景，这是人力车夫工作中最危险的一幕。后面充当刹车的车夫可能已经平安把前一辆车拉到平地，之后再过来的。也有可能前面的人力车还有一名助手，他充当完下坡的刹车后再绕到前面拉车。

如果车夫真的鲁莽地一个人下坡失败了,那可就真的成了“横滨闲话”了。

后面的外国人撑的应该是太阳伞。如果是雨天，车夫应该会为了防止脚滑更用力。走这样一条路线的车夫必须得是经验丰富的青壮年，对于较年轻和稍老一点的车夫来说太危险了。既然带着助手，还要走危险的路线，应该会收取特殊费用。

韦格曼的《日本冲击》中，经常出现因路况糟糕和超速而导致的横滨马车事故，但基本上没有画过人力车造成的事故，可能是出于安全考虑带着助手的原因。

Deux heures, tout le monde redescend aux bureaux.
En voilà pour jusqu'à cinq heures……

2 点大家再去一下事务所，5 点之前要到……

图 72　人力车夫（2）

《横滨闲话》明治二十四年（1891 年）第 1 卷第 9 期

◇ 人力车夫（3） ◇

这幅画是英文诗画集《横滨叙事诗》第一首诗《教育过剩之歌》的插图。

首先是这样一段说明：“两三天前，在海岸大道，一名日本人力车夫骂一名英国船夫是‘红毛怪’。因为船夫不承认仅对外国人适用的‘正当规定’，没有按‘正当规定’支付法律规定费用的六倍。这时，一名中国人来了，他指责人力车夫：‘你不能这么说他。’”接着附上了下面这首诗：

我时常遇见奇事
游历过那么多国家
未见过如此奇妙之国
中国人教日本人
应当如何守礼
不管怎么说日本人
还算是文明礼貌
但只有横滨车夫
却实在是个例外

他们一本正经地诓骗掩饰
再加上满不在乎地大骂一通
就因为
没付给他们法外费用

图73　人力车夫（3）

《横滨叙事诗》明治二十五年（1892年）左右

◇ 马车夫（1）◇

图中为横滨居留地驾驶自用马车的外国商人，负责管理马车的是日本马车夫。从家到工作地点，从工作地点到港口仓库确认商品，从仓库去酒店吃午饭，从酒店回工作地点，从工作地点回家，繁忙的商人每天都要在居留地奔波。马车可以在任何坡道上行驶，速度也比人力车快好几倍。

这位管理马车的男子不仅要懂马，还要能听懂外语，有一定的特殊技能。他的薪资应该比酒店的侍者和调酒师更高。管理过马车以后，也有机会找管理轨道马车的工作。

这名商人似乎沉浸在自己驾车的愉悦之中，他吸着雪茄，还带着爱犬。这只狗应该也是车夫负责照顾。不过，这辆单人马车加了一个辅助架，让另一个人也能上车，看起来有些危险。车夫几乎没有地方可以扶，尤其是雨天加了顶棚后，他应该抓住什么地方呢?

Le négociant chic allant à son business, ne s'y rend qu'à neuf heures...

潇洒的商人在上班路上。

9 点之前要到，不能迟到……

图 74　马车夫（1）

《横滨闲话》明治二十四年（1891 年）第 1 卷第 9 期

◇ 马车夫（2） ◇

图中是外交官之类的外国大人物乘坐的政府专用马车的车夫。看起来是和外务省有关的马车，但马车夫的打扮却比较和风，令人颇感兴趣。在《贝雷斯福德爵士到访东京》〔《日本人的生活》明治三十二年（1899年）第8期，《比戈看明治时期的日本》第83页〕这幅画中，比戈描绘了英国东洋研究者贝雷斯福德爵士来到日本东京时的场景，其中的马车夫也是和风打扮。但是，为递信大臣后藤象二郎驾驶公用马车的车夫就穿着西装（《比戈看明治时期的日本》第69页）。

这张图中的人可能是从陆军大臣大山严家中出来踏上归途的法国公使。明治二十七年（1894年）三月九日是天皇大婚25周年纪念日，各地都举办了盛大的活动。日本首次发行纪念邮票也是在这一天。比戈将这一天的情景画成两张报道图片刊登在1894年（明治二十七年）6月2日的《图画报》上。这位法国人应该也参加了庆典，之后又礼节性地访问了大山宅邸。大山于明治四年（1871年）至明治七年（1874年）在法国留学，也会说法语。比戈受雇于陆军士官学校时，很受大山的照顾。

LE POTIN

(Côté des diplomates)　Retour de la Revue du 9 Mars à Oyama

（外交官的样子）三月九日阅兵式那天，从大山宅邸踏上归途。

图 75　马车夫（2）

《小道消息》明治二十七年（1894 年）三月第 4 期

◇ 马车夫（3）◇

图中为贵族家中雇用的马车夫。他从头到脚都穿戴着最高级的西式服饰，体格也十分魁梧，可能也担任着保镖的工作。相反，雇主十分苗条，看起来有些步履蹒跚。这晚，雇主要在高级餐馆参加宴席，马车夫护送雇主前来之后，便在休息室等待宴席结束。

雇主是贵族院议员，这晚应该是与同僚们议论政事。贵族院的主要成员是华族。华族包括旧公卿、旧大名以及对国家有功的人，他们被授予公、侯、伯、子、男的爵位。最终获得爵位的有 1011 名：皇族 16 名（侯爵 7 名、伯爵 9 名）、公家 142 名、公家分家（地下家）51 名、诸侯 286 名、诸侯分家 39 名、神职僧职 20 名、功臣 457 名。因功勋被授予最高爵位的公爵是伊藤博文、山县有朋、大山严、松方正义和桂太郎。因功勋获得爵位的人占比 45%，也是鼓励国民对国家忠诚，这给明治人带来了极大的鼓舞。毕竟在知识上有所成就，最多也就被授予博士称号〔明治二十一年（1888 年）〕。直到昭和十二年（1937 年），国家才颁发文化勋章。

Le Maître et son Cocher. — Cherchez le maître!

雇主和马车夫——谁才是雇主?

图 76　马车夫（3）

《大日本》明治二十五年（1892 年）左右

◇ 乘务长（1） ◇

我在看到这幅画之前，完全不知道在东京运行的公共马车是什么构造，也不知道马车夫和乘务长是什么样的。我们通过比戈的眼睛，第一次看清了他们的真实样貌。《大阪新闻》于明治六年（1873 年）二月八日对京阪之间出现的公共马车进行了报道。在关东，盐泽德次郎于明治十年（1877 年）开通了高崎至浦和之间的公共马车线路〔横滨居留地与筑地居留地之间由外国人经营的公共马车于明治二年（1869 年）出现〕。

图中，东京的公共马车乘务员很是时髦。马车夫戴着高礼帽，蓄着胡子，一副颇有威严的模样。乘务长也戴着军队式样的帽子，穿着潇洒的制服，背着装车费的小包。与他们形成对比的是等车的乘客，他们的打扮看上去比较传统，都穿着和服，梳着丁髻和岛田髻。东京公共马车乘务员的装扮是最时尚的，极为引人注目。

马车夫的身边挂着铃铛，听到铃声就知道是公共马车行驶而来，而且乘务长也会高声喊出前方目的地。

时事，东京街头的新鲜事，实在是太气派了！

颇为耳熟的歌——我是公共马车的车夫，这位先生，换乘我这辆马车吧，只要2苏，从这里去火车站只要2苏，很便宜的，从这里去火车站，很便宜的……

图77　乘务长（1）

《鸟羽绘》明治二十二年（1889年）五月十五日第55期

◇ 乘务长（2） ◇

图 77 可能看不太仔细，但这幅图中可以清楚地看到公共马车的车夫和乘务长的装扮。这身潇洒的打扮放到现在也适用。图中为冬装，让人不禁想看看夏装是什么模样的。

公共马车的车夫和乘务长正在殴打的是轨道马车的乘务长。轨道马车是在轨道上行驶的公共马车。明治十五年（1882 年），东京马车铁道会社启动了 6 辆轨道马车，新桥至日本桥之间的轨道马车开始运营。同年，其线路延长至上野和浅草雷门之间（新桥至浅草雷门之间 6 区，新桥至上野之间 4 区）。另外，明治三十年（1897 年），品川马车铁道会社开通品川八山至新桥之间的线路。这家公司于明治三十二年（1899 年）与东京马车铁道会社合并。

正如图中所示，轨道马车比公共马车更受乘客欢迎。由于是在轨道上行驶，马车能够按时到达，路线扩展后更为便利。生意最兴盛时有 300 辆马车、2000 匹马。再加上运货的马车，当时的东京街头可以说到处都是马粪。

公共马车的车夫和乘务长在殴打轨道马车的乘务长。
公共马车的车夫："可恶，看招！我怎么能输！打死你……"
轨道马车的乘务长："看我的！我在这里，来打我啊！打不到吧……"
明明可以共存，你们何必自相残杀呢！

图 78 乘务长（2）

《鸟羽绘》明治二十二年（1889 年）五月十五日第 55 期

◇ 国会直属的车夫* ◇

En route pour le Parlement.

图 79　向国会前进

《国会议员之书》明治二十三年（1890 年）

* 此职业在原书中并无文字介绍。——编者注

第七章

辛苦工作的人民公仆

——底层公务员

《鸟羽绘》第 14 期〔明治二十年（1887 年）八月三十一日出版〕中，有一幅画描绘了一对站在热海海岸边身穿西装的父女（见本书图 100）。这对精英公务员父女应该刚从海外归来，图中的说明是“月薪 80 日元的官员和他的女儿”。从表 2 中可以看出，明治十九年（1886 年）没有判任官的月薪是 80 日元，因此他应该是奏任官或者局长级别的身份吧。

本章将介绍警察、小学教师等底层公务员的工作情况，他们属于判任官的七等至十等。另外，三等至六等属于中层公务员，二等以上属于高级公务员。“月薪 80 日元的官员”年薪 960 日元，在警察系统中相当于一等警视。

属于判任官七等至十等的包括警察、小学教师、国会卫兵、监狱看守、小官员、邮递员、近卫兵等。公务员的薪资不高，但每个月肯定会有收入，最少也有 12 日元。根据冈忠郎所著的《明治时期警察的生活》中各职业薪资一览表〔明治二十九年（1896 年）三月的平均薪资〕，男性农业从业者年收入为 20 日元至 35 日元，男性养蚕业从业者月收入为 4 日元至 7 日元，男性纺织业从业者月收入为 2.2 日元至 7 日元，女性纺织业从业者月收入为

2.2 日元至 5 日元，糕点制造业从业者月收入为 4 日元至 13 日元，男性酿酒业从业者月收入为 4 日元至 7 日元，男佣的月收入为 2 日元至 3.5 日元，女佣的月收入为 0.8 日元至 1.5 日元。有月薪还算不错，工匠只有日薪，生活很不稳定。从中可以看出，官民之间的贫富差距相当之大。

底层公务员中，小官员和警察工作最为辛苦。小林清亲所绘的漫画《忙得团团转的机器》〔《团团珍闻》明治十八年（1885 年）九月五日刊载〕就讽刺了因处理税收、学校教育、征兵、区域卫生、请愿而忙得团团转的底层官吏。而警察的工作情景在比戈的画集《繁忙的警察》〔明治二十四年（1891 年）出版〕中也有所介绍。与底层官吏的忙碌相比，比戈描绘的上层公务员则是一副清闲模样，上文提到的图 100 便是其中之一。比戈还记录下很多在稻毛海岸和热海海岸度假的精英人员。

表2　判任官薪资（1）

	明治十九年（1886 年）	明治二十四年（1891 年）	明治三十一年（1898 年）	明治四十三年（1910 年）
一　等	55 日元	60 日元	75 日元	95 日元
二　等	50 日元	50 日元	60 日元	75 日元
三　等	45 日元	45 日元	50 日元	65 日元

（续　表）

	明治十九年（1886年）	明治二十四年（1891年）	明治三十一年（1898年）	明治四十三年（1910年）
四　等	40日元	40日元	45日元	55日元
五　等	35日元	35日元	40日元	50日元
六　等	30日元	30日元	35日元	45日元
七　等	25日元	25日元	30日元	40日元
八　等	20日元	20日元	25日元	35日元
九　等	15日元	15日元	20日元	30日元
十　等	12日元	12日元	15日元	25日元
十一等	—	—	—	20日元

表格根据《新闻集成明治编年史》（1982年本邦书籍出版）、《明治时期警察的生活》（1974年雄山阁出版）制作。

注：1. 各等级还分为上等和下等薪资，表格中只包括上等的薪资。例如，明治十九年（1886年）一等上等薪资55日元，下等薪资52.5日元。

2. 明治时期四十年代（1907—1912年），判任官的等级增加至十一等。

3. 明治二十三年（1890年）三月二十二日颁布的《判任官官等俸给令》将判任官分为六等十二区（见本书表3）。

◇ 小学教师 ◇

远处能看到电线杆，图中应该是东京麹町附近的小学生。右侧的老师穿着西装，拄着时髦的手杖。孩子们穿的基本上是和服，也有女生在和服下穿皮鞋。有的学生穿着西装，看来这个地区应该比较富裕。

当时的入学率约为 46%，常年在校率约为 27%，因此在学龄人口中，每 8 个人中只有 1 个人接受过比较正式的教育，他们是那个时代的幸运儿。

明治十四年（1881 年）六月，文部省以文部卿福冈孝弟的名义向所有教师分发了《小学教师准则》，其中写道：“（小学教师的）任务极为重要，他们不仅要教育学生，还要培养他们的素质，帮助他们找到工作，这样人民才能产生尊王爱国之心，形成良好的社会风气，过上富裕的生活，促进国家的安宁幸福。小学教师应当将此牢记在心……”明治二十三年（1890 年）发布《教育敕语》之前，这份准则就是小学教育的行动纲领。

现代日本——这是男女同校的学校，还是大部队行军？混编部队，前进！

图 80　小学教师

《鸟羽绘》明治二十年（1887年）六月一日第8期

◇ 国会卫兵 ◇

由于反对派青年活动家的袭击，不断有国会议员受伤。图中描绘的是国会休会时众人离去的场景。议员中穿和服和西装的人各半，所有人都戴着帽子。国会卫兵列队在外迎接，他们蓄着胡子，佩戴着军刀。

《大同新闻》于明治二十三年（1890 年）十月十一日对任命卫兵总队长一事进行了报道："为指挥和管理贵族众议两院卫兵，现设立卫兵总队长之职，位列奏任官六等，近两日会发出任命，据称将在警视厅警部中选出。"

从这篇报道中可以推测，国会卫兵应该是从警视厅的巡警调职而来。此外，《官报》于明治二十四年（1891 年）十一月十三日刊登敕令称，两院的事务局官制中，新增卫兵队长各 1 人，卫兵小队长各 3 人。因此，这一组织便由卫兵总队长及其领导下的卫兵队长、卫兵小队长、卫兵构成。

国会卫兵在开会期间比较辛苦，但休会时间比较多，还算轻松。

Salut aux victimes du Devoir . . . (Entrée en vacances)

向因公负伤者敬礼……（假期开始）

图 81　国会卫兵

《国会议员之书》明治二十三年（1890 年）

◇ 监狱看守 ◇

明治三十二年（1899 年）七月十七日条约修正实施后，在日外国人最关心的问题便是内地杂居的外国人的待遇，尤其是成为罪犯或者被诬陷时面临的待遇。为了解除这一不安，比戈断然决定以记者的身份前往巢鸭外国人监狱采访。

明治二十八年（1895 年）建成的巢鸭监狱位于现在日本东池袋的太阳城，是一所可以关押外国人的国际监狱。它的建立意在废除治外法权和修改不平等条约。比戈的采访应该得到了法国公使馆以及颇有权势的在日法国人普罗斯珀·富克的帮助。他极为详细地描绘了单间、食堂、台球室、运动场等监狱内部的情况，连死刑犯的房间也去了。

更让人感兴趣的是在那里工作的日本监狱看守。他们接触过各式各样的外国人，拥有关于西餐、洋酒、咖啡、可可等舶来饮食的知识。解说中写道："囚犯在单间中有权要求监狱送来咖啡或可可，如果有每天早上必须饮酒的习惯，可以向看守索要一小杯科尼亚克白兰地。"

Gardien, graissez donc votre queue vous allez déchirer le tapis ……

看守先生，你要是不在球上涂油的话，桌布都要被戳破了……

图 82　监狱看守

《在远东》明治三十一年（1898 年）

◇ 小官员（1）◇

图中为小官员，也就是低级官吏（判任官）从机关里出来时的场景。穿西装的是小官员，穿和服的是商人。左侧鞠躬的人应该是判任官中级别最低的人。

官吏分为高等官（敕任官和奏任官）以及判任官（位于高等官下级的低级官吏）。高等官的最高级别是亲任官，包括内阁总理大臣、国务大臣、枢密院正副议长等通过天皇举办的亲任式而就任的官吏。接下来有次官和局长级的敕任官，任免经阁议决定后上奏，薪资为一等和二等。

奏任官的薪资为三等至九等，刚任用时，帝国大学的毕业生有免除考试的特权。但从明治二十七年（1894 年）起，只有通过高等文官考试的人才能上任。明治二十三年（1890 年）三月二十二日颁布的《判任官官等俸给令》将判任官分为一等至六等，薪资如表 3 所示。图中左侧的男子是六等判任官，旁边两个人可能是一等判任官。

表3　判任官薪资（2）

一　等	上等75日元	下等60日元
二　等	上等55日元	下等50日元
三　等	上等45日元	下等40日元
四　等	上等35日元	下等30日元
五　等	上等25日元	下等20日元
六　等	上等15日元	下等12日元

— Daï - Nippon. —— Groupe de ronds de cuir civilisés sortant du ministère.

大日本——西化的小官员们离开省厅。

图83　小官员（1）

《大日本》明治二十五年（1892年）左右

◇ 小官员（2）◇

白云渺渺的天空下是宽广的平原，远处的小山顶上有一座鸟居。这是一幅以房总附近风景为背景的小官员画像。除帽子和伞以外，他的装扮都是和风。他手拎包袱皮包着的盒饭，脚穿分趾袜和木屐。明治十六年（1883 年）左右，判任官分为一等至四等。他可能是在三等或者四等机关里工作的判任官。低级官员最害怕的是行政裁员，也称“地震”（官吏的象征鲇鱼和地震发生有关），就是所谓的解雇。《团团珍闻》的狂歌狂句栏目中有很多以此为主题的句子，比如以下这些：

面对担心地震的女儿，官员不知如何是好。

明治十一年（1878 年）五月十八日

大地震，家人的眼泪，如雨落下。

明治十九年（1886 年）二月十三日

戒了零食的官吏吃面，面——免——免职。

明治二十五年（1892 年）六月四日

最不想听到的就是非职，非职——停职。

明治三十年（1897年）八月十四日

图84　小官员（2）

《早上好》明治十六年（1883年）

◇警　察◇

图为明治时期二十年代后期（明治二十七年）警视厅巡警的画像。他随身携带军刀〔从明治十五年（1882 年）起〕，认真看着警察手册。明治八年（1875 年）三月制定《行政警察规则》后，警察就必须随身携带警察手册，当时还叫“巡查手册”。应该是用铅笔来记录。

明治二十四年（1891 年）八月十一日，官报发表了《巡查俸给令》。由此规定了巡警薪资为一级 10 日元，二级 9 日元，三级 8 日元。同时规定，就职超过 9 年，月薪为 12 日元，超过 12 年，月薪为 15 日元。同年，《判任官薪酬令》规定，一等 60 日元，九等 15 日元，十等 12 日元。警察工作 9 年才能达到判任官的最低薪资 12 日元，在公务员中可谓是薪资最低的。在公务员中，教师和警察是人员需求最多的，因此薪资才压得比较低。这一状况一直持续到二战以后，等到日本成为经济大国时才终于正视这一问题。

但如果巡警能够升职到警部补、警部、警视，薪资肯定就会提高。

日本人的类型——巡警。

图 85　警察

《小道消息》明治二十七年（1894 年）三月第 4 期

◇ 治安警察 ◇

治安警察是指将记者以及过激的自由民权运动分子当作思想犯和政治犯抓捕起来的警察，比戈在讽刺画中经常描绘他们。这是第一幅描绘出他们具体形象的作品。比戈于明治二十年（1887年）二月十五日创办《鸟羽绘》，并在横滨居留地的俱乐部酒店发行。自那以后，比戈位于东京的家附近以及平常外出的地方都会有治安警察的身影。

他在《鸟羽绘》第5期〔明治二十年（1887年）四月十五日出版〕上刊载了一幅名为《小丑的警戒状态》的六格漫画，讲述他请周围人帮忙监视警察的内容。为什么比戈会被盯上呢？可能因为从创刊起他就一直在画伊藤博文首相和井上馨外相的讽刺画。从第1期至第9期，他的讽刺画中出现过7次伊藤、5次井上。其中，第7期的《被人民追赶的伊藤和井上》的内容是，即便跨越了自由民权运动的大山，人民对政府的批判依然无法动摇。可能是这幅画引起了治安警察的警惕。之后，比戈隐居于向岛洲崎村，继续在画中描绘打压记者的治安警察。

小丑的新苦难。小丑啊小丑，太危险了，赶紧找一个安全的住处吧。

图 86　治安警察

《鸟羽绘》明治二十年（1887 年）七月十五日第 11 期

◇ 邮递员 ◇

图中细致地描绘了明治一十年代（1877—1886 年）邮递员的身影。可能只有东京这样的城市才会发这类制服。不过，在这一时期，地方上的邮递员可能不一定穿制服。《东京日日新闻》于明治十七年（1884 年）二月十九日对邮递员的穿着进行了报道。

“信浓国更级郡北原邮局的负责人见邮递员穿着随意，甚至非常寒碜，有损邮局体面，便自费制作了藏青色的外褂派发下去，上面画着红色的圆圈，其中印着‘驿’字。”

明治十六年（1883 年）一月一日施行的《邮局条例》中统一了全国的邮税，平信 2 钱，明信片 1 钱，民众都觉得很便宜。明治十四年（1881 年）六月四日的《团团珍闻》上也刊载了与此相关的句子：

现在最便宜的是报纸、邮费、巡警、教师。

看来大家都知道巡警和教师的工资比较低了。

图 87　邮递员

《早上好》明治十六年（1883 年）

◇ 近卫兵 ◇

图为近卫师团中的士兵的画像。从连队改编为师团后，可以看出军装从帽子到鞋子都极为考究。这类强调脸部之大的肖像画叫作“讽刺画”（charge），在法国比较流行。

近卫师团是明治政府编制的直辖军队。御亲兵是其前身，后改为近卫连队，又于明治二十四年（1891 年）十二月改编为近卫师团。近卫师团由来自全国各地的优秀士兵编队而成，担任皇室的护卫和仪仗队。虽然近卫师团一般不会对外作战，但在中日甲午战争中曾被派遣至台湾，也去过日俄战争的战场和中国的东北地区。

与近卫兵有关的历史事件是明治十一年（1878 年）八月二十三日发生的竹桥事件。以东京竹桥的近卫炮兵大队为主的数百名士兵发生暴动，他们包围太政官所在的赤坂临时皇居引发叛乱，但被事先察觉的政府镇压了。叛乱的原因在于他们不满对西南战争的论功行赏，以及以财政困难为由削减薪资补助。此外，自由民权思想在军队中的渗透也是原因之一。陆军卿（陆军部长）山县有朋极受冲击，他起草并颁布了《军人训诫》以整顿军纪。

LE POTIN

(Type japonais)　Soldat de la garde

日本人的类型。

图 88　近卫兵

《小道消息》明治二十七年（1894 年）三月第 4 期

◇看　守*◇

囚犯。

图 89　看守

《再见》明治十七年（1884 年）

* 此职业在原书中并无文字介绍。——编者注

第八章 拥有一技之长的精英

——中层公务员

官吏是指《大日本帝国宪法》下除军人、法官、警察以外的一般文官，世人称为“官员”。

明治前期，官员令人羡慕又难逃责骂，有人轻蔑地称呼其为“当官的”。他们大多像欧美人一样留着胡子，并以此作为权威的象征。高级官员被称为“鲇鱼”，低级官员被称为“泥鳅”，与他们做伴的艺伎被称为“猫”。由于官员的免职也称作“御免”“免之字”，所以有狂句写道：“当官的看到‘免’字就发抖。”

明治十年（1877 年），东京大学在东京开成学校以及东京医学校的基础上设立，是日本第一所大学，共有理学部、法学部、文学部和医学部 4 个学部。这时也出现了大学教师，理、法、文 3 个学部共 56 人（其中 24 人为外国人），医学部有 35 人（其中 11 人为外国人），超过 1/3 的教师是外聘的。图 30 描绘的就是这样的教师。大学教育的使命主要是尽快学习欧美发达国家的各国文化以及培养领导人。

明治十九年（1886 年），《帝国大学令》颁布后，东京大学成为帝国大学，同时京都、仙台、北海道、九州、大阪、名古屋也都设立了帝国大学。大学里设有讲师、教授、副教授，从此，大学教授这一职业正式诞生。此外，大正七年（1918 年），《大学令》公布后，专科大学和公私立大学均得到承认。

《邮政通知报》于明治十六年（1883 年）二月十五日对大学教授的副业问题进行了报道：“在此之前，不少大学教师受聘于私立学校（明治义塾、公立学校之类）担任讲师，学校对此均保持默认态度。但因为一些原因，近来所有教师都已收到通知，内容要求教师对此予以汇报，无论是已经受聘的私立学校，还是今后的受聘事宜都包括在内。”结果便是，大学教授在私立学校授课时需要向学校汇报。

《东京日日新闻》于明治十八年（1885 年）六月二十四日报道，东京大学每月的学费从七月起有所上涨。医学部从 1 日元涨至 2 日元 50 钱，其他学部从 1 日元涨至 1 日元 50 钱。于是，医学部全年学费为 30 日元，其他学部为 18 日元，比想象中要高。

《时事新报》于明治二十三年（1890 年）七月一日报道称，外宾案内会社成立，并设立翻译、导游、侍者、厨师等各类培训部门，专门培养外语人才以及能在有外宾出入的酒店及餐厅工作的人。每种工作都需要有一技之长，因此培养的人才今后应该收入可观。

明治九年（1876 年）二月二十二日，司法省发布的《辩护人规则》公布后，律师的前身——辩护人才正式得到社会的认可。从此，没有执照的辩护人不得从事相关工作。之后，明治二十六年（1893 年）三月四日《律师法》公布后，辩护人改称为律师。在比戈的《国会议员之书》〔明治二十三年（1890 年）出版〕中，最后一张图《成为政治演说家的辩护人》描绘的便是一名长发、戴着眼镜、头戴草帽的男子，看来的确有不少关心政治的辩护人。

◇军　医◇

图为陆军军营的医务室。左侧的男子为在演习时脚部受伤的士兵，右侧靠后的人为结束治疗的军医，右侧靠前的人是来关心伤势的长官。

明治四年(1871年)的官制等级改定中出现了许多职务名称，三等官中有一等军医正，四等官中有二等军医正，五等官中有一等医正，六等官中有二等医正，七等官中有一等军医，八等官中有二等军医，九等官中有一等军医副，十等官中有二等军医副。明治十六年(1883年)，军医名称进行改正，军医变为一等军医，军医副变为二等军医，军医补变为三等军医。

陆军的军医本部下开设了军医学校，专门培养和教育医学人才，也聘请了外国人。比如明治十四年(1881年)，东京大学医学部聘请赴日的德国人尤利乌斯·卡尔·斯克里巴(Julius Karl Scriba)为外科教师，教授战伤外科学和军事卫生等知识。但是，在中日甲午战争1.3万名死者中，有1.1万名是因脚气、冻伤而在前线病故，因此军事医学水平还需要提高。东京大学医学部最年轻的毕业生森鸥外从德国留学归来后，担任军医学校的讲师，并作为军医随军参加了中日甲午战争，之后升职为军医总监、陆军省医务局长。在如此繁忙的生活间隙，他创作了《舞姬》《雁》《高濑舟》等小说，成为与夏目漱石齐名的文豪。

a l'infirmerie

图 90　在医务室

《士兵的一天》明治三十二年（1899 年）

◇医　生◇

明治二十二年（1889 年），各地的红灯区设立了驱毒院以预防和治疗梅毒，图为治疗时的情况。医生似乎正满脸严肃地告知妓女检查结果。

那么明治时期如何获得医生执照呢？明治十七年（1884 年）一月一日施行的《医师执照规则》的第一条为："医师需参加医术开业考试，获得由内务卿颁布的开业执照。"说明原则上需要考试合格才能成为医生。但是，明治十六年（1883 年）以前获得的医术开业证书依然有效。第三条为："获得官立及府县立医学校毕业证书者，可持证书申请获得开业执照，内务卿可在无须考试的情况下授予其执照。"说明公立医学校的毕业生可以不用参加考试就获得执照。第四条为："从外国的大学医学部或医学校毕业者，或持有外国医术开业执照者，需持其毕业证书或开业证书申请开业执照。内务卿经过审查后，可在无须考试的情况下授予其执照。"说明从国外医学部毕业的学生以及有医疗经验的人原则上可以不用参加考试就获得执照。

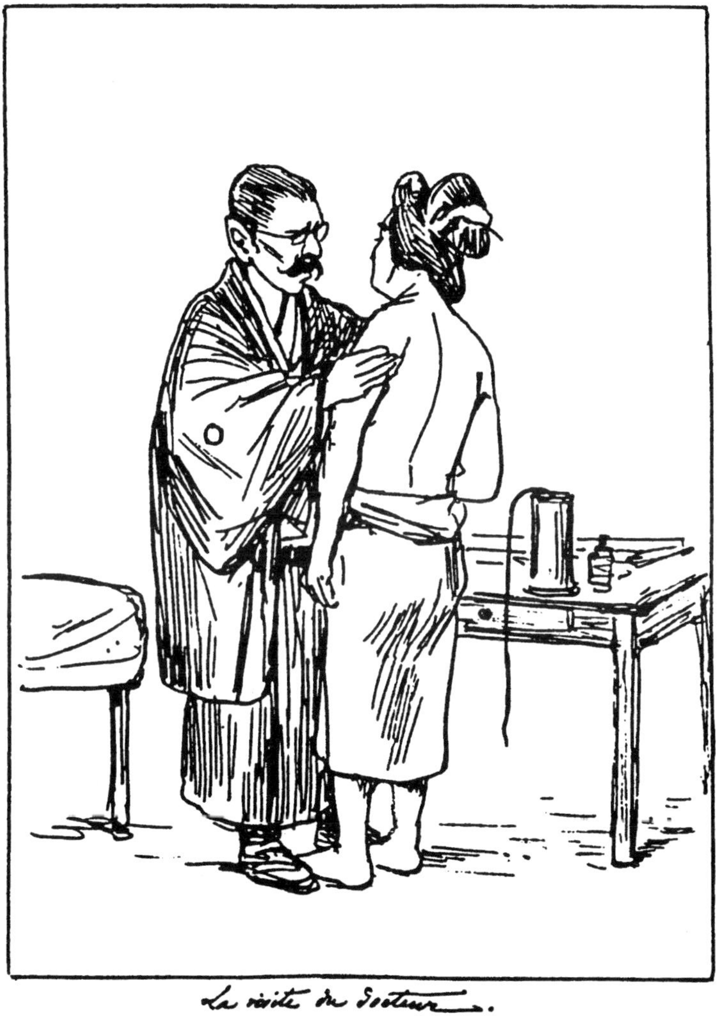

图 91　医生的检查

《妓女的一天》明治三十二年（1899 年）

◇ 对外电报接待员 ◇

图中为横滨或者东京电报局的对外电报窗口，会说法语的接待员正在忙碌。次年，明治二十一年（1888 年）四月起，电报局和邮局合并，所以这有可能是电报局最后时刻的剪影。比戈作为画报通讯员应该经常因工作去电报局。

明治五年（1872 年）五月十二日，东京日本桥、两国、浅草三地开设了电报局，开始处理电报业务。明治十八年（1885 年）七月一日施行的改定后的《电信条例》中，电报分为官报、局报和私报 3 种，各自分为以下 7 类：通常电报、加急电报、追踪电报、群发电报、核对电报、收信电报、预付收信费电报。

违反法律、妨碍治安、扰乱风俗的私报拒不接收。在电话还没有普及的时代，电报是最快速、最便利的通信手段。

《东京横滨每日新闻》于明治十六年（1883 年）十二月十九日报道，日本桥的电报局最近一个月的电报费收入急剧下降至 1300 日元左右，是平常的 1/8，原因在于美国商会所的衰落与不景气。

外国电信。

总之，让英国魔术最好的人尽快到我这边来。后附正式书信。

图 92　对外电报接待员

《乌羽绘》明治二十年（1887 年）四月十五日第 5 期

◇会　计◇

图为国会议员的发薪日场景。他们是众议院议员第一次总选举中当选的“第一届”，年薪 800 日元，每月可以拿到 1/12，其他还有交通费等补贴，因此相当富有。所有人都拎着包，他们不愧是国会议员，体态良好，装扮整洁。而会计则一副小官员的模样，他应该是担任大藏省主计官的奏任官，也是公务员中的精英。

明治二十四年（1891 年）七月二十四日发布的《高等官俸给令》中，内阁总理大臣的年收入为 9600 日元（当时银座最贵的地价为每坪 50 日元，他的年收入可以买 200 坪），大臣为 6000 日元，次官为 4000 日元，赏勋局总裁为 4000 日元，其副总裁为 3000 日元，法制局长官为 4000 日元，其部长为 3000 日元，内务省警保局主事为 1800 日元，农商务省特许局审判官为 1200 日元，递信监察官为 1000 日元等。

民间的精英三井银行社员的初始薪资为 45 日元〔明治二十五年（1892 年）〕，年薪 540 日元。所以，国会议员 800 日元的年薪属于高收入类别。明治二十六年（1893 年）二月十日发布的敕令称，为筹措军费，现将公务员薪资中的一成拨去制造舰艇，由于原本就有高收入者和低收入者之分，并没有出现什么不满的声音。

图 93　发薪日

《国会议员之书》明治二十三年（1890 年）

◇ 将校（1） ◇

图为比戈因随军参加中日甲午战争停留在广岛宇品港时看到的情景。图中写道：“陆军将校与妻子告别。”决心为国捐躯的职业军人想起妻子时不禁也产生惜命的想法，心中矛盾不已。妻子则含泪恳求丈夫能够平安归来。比戈在少年时期见证过巴黎公社运动和普法战争，深知战争的无常，因而画出了这幅极具人文关怀的报道画。由于广受称赞，这幅画也刊载在英法两份画报上。

将校是指少尉级别以上的武官，负责指挥和统领士兵。他们在士兵学校学习，经历各种演习，再投入实战。《朝野新闻》于明治二十二年（1889 年）九月二十六日报道称，明治二十年（1887 年）二月，九州举行了全参谋官参与的大型演习。德国参谋少佐米基在观摩了演习之后，指出了日本将校存在的以下几处问题：第一，日本将校容易将情况考虑得比较简单；第二，日本将校在指挥下级时存在顾虑；第三，日本将校用词错杂不明确。

出战，与家人告别的日本士兵。

图94　将校（1）

《图画报》1895年（明治二十八年）4月6日

《宇宙画报》同年4月20日

◇ 鹿鸣馆职员（1）◇

明治十六年（1883年）十一月二十八日，在东京麹町内山下町落成的鹿鸣馆举办了开馆仪式，共600名国内外高官、绅士和淑女在此集聚一堂。之后，鹿鸣馆经常召开晚会和舞会，“鹿鸣馆时代”〔明治二十年（1887年）四月的化装舞会为顶峰时期〕由此诞生。

这幅图也可以称为“艺伎翻身图”，描绘了一对极为特别的情侣。他们结合在一起的戏剧性事件可谓是明治社会的典型象征。左侧的职员可能是馆长。

鹿鸣馆开业时没有馆长，从明治十七年（1884年）起，由中村次郎、井上胜之助、吉田要作先后担任馆长。他们都是外务省相关人士，既有海外生活经验也有一定的外语能力。

《邮政通知报》于明治十八年（1885年）七月十二日刊载了一位英国人对鹿鸣馆的评价：“放眼望去就能感受到日本与欧洲舞会的不同之处。在日本的舞会上，年长女性非常多，而欧洲的舞会基本上是年轻女性的专场。在日本，男性的舞伴一般都是年长女性和赎身的妓女……是因为必须要邀请这些年长女性吗……”

有时会出现与艺伎共同出席的意外场景……

图 95　鹿鸣馆职员（1）

《艺伎的一天》明治三十二年（1899 年）

◇ 鹿鸣馆职员（2）◇

有如此多的外交官齐聚一堂品尝西餐，地点应该是在鹿鸣馆或者帝国酒店〔明治二十三年（1890 年）三月落成〕。但这幅画描绘的是明治二十三年（1890 年）元旦的景象，所以不是在帝国酒店。可以看出，侍者的服装也非常豪华，民间的红叶馆〔明治十四年（1881 年）二月十五日开馆〕做不到这一点。滨离宫恩赐庭院内的延辽馆也在明治十八年（1885 年）时划出外务省所辖范围。

图中有三位携带女伴出席的外国人。右侧穿着洋装的女性看起来像日本人。比戈应该是随熟识的日本外交官前来参加，记录一下他一整天的行程。英法的画报记者一般无法进入这里采访。

要是比戈能够记录下画面中没有出现的厨房和餐食就好了。《时事新报》于明治二十年（1887 年）八月二十九日报道称，银座开设了十五六家西餐厅，西餐厨师供不应求，因此挖角现象严重，还有用月薪 20 日元挖到厨师的店家。鹿鸣馆的西餐厨师应该都是在横滨居留地的酒店和外国航线的客船上修习过的老手，在哪里都能找到工作。

正月元日，东京外交官的晚餐会……

图 96　鹿鸣馆职员（2）

《正月元日》明治二十三年（1890 年）

◇ 家令、家扶和家从（为宫家服务的职员）◇

图中为夏天离开东京、前往热海避暑的皇族以及用人。这些用人被称为家令、家扶和家从，相当于欧洲贵族的执事。家令处理宫家的事务和财务，对用人进行监督。家扶在家令手下负责家务和财务。家从是家扶的下手。图中最左侧的人为女佣，依次向右为家令、家扶和两位家从。

明治维新之前，皇族分为伏见宫、有栖川宫、桂宫和闲院宫 4 家，但后来伏见宫又分出 6 家，其中久弥宫又分出 4 家，使得宫家数量增加。为此，《皇室典范》规定禁止收养养子，并设立剥夺皇室身份的惩罚制度以及自主降为臣级的制度，避免了皇族的增加。宫家之中，小松宫因降为臣籍而中断，有栖川宫和华顶宫因无子嗣而中断。到二战之后，共有 11 家宫家因脱离皇室身份而成为平民。

宫家之中，梨本宫伊都子妃因对漫画感兴趣而四处收集作品。其丈夫在日俄战争后前往法国的陆军士官学校留学时，在巴黎收集了很多漫画明信片。2005 年，邮政资料馆的介绍展中便出现了这些以讽刺日俄战争为主题的漫画收藏品。

在海边，到处都是遮阳帽，八月二十日的热海。体质虚弱的皇太子为了能够呼吸到新鲜空气，每天早上都会带领用人前来。

图 97　家令、家扶和家从

《鸟羽绘》明治二十年（1887 年）八月三十一日第 14 期

◇ 将校（2）* ◇

图 98　将校（2）

《早上好》明治十六年（1883 年）

---

* 此职业在原书中并无文字介绍。——编者注

第九章
精英的真实生活
——上层公务员

明治时期警察组织中的精英便是警察部长（警部长）。指挥警察的首脑在中央是内务省的警保部长，在地方是东京的警视总监和其他府县的警察部长。

警察部长这一身份的诞生是在明治十四年（1881 年）。当时，由于是自由指定，警察部长的水平良莠不齐。明治二十年（1887 年）任用令发布后，有资格且有意愿成为警察部长的人很少。于是，明治三十年（1897 年）发布的特别任用令将警官培训所〔明治十八年（1885 年）起有毕业生〕的毕业生都划为有资格成为警察部长的范围。从明治二十六年起（1893 年），开始出现帝国大学毕业的警察部长以及通过高等官考试的非帝国大学毕业生的警察部长。

高桥雄豺所著的《明治时期的警察部长》中，介绍了几位警察部长的个人履历。以下便是其中自由指定者及帝国大学毕业生的例子。

大浦兼武（自由指定者）

嘉永三年（1850 年）在鹿儿岛县出生。

明治元年（1868 年）加入奥羽征讨军。

明治四年（1871 年）前往东京，任巡逻兵小头。

明治七年（1874 年）自愿免职，加入台湾征讨军。

明治八年（1875 年）任东京警视厅警部补。

明治十年（1877 年）任警视厅二等小警部、陆军中尉。

明治十一年（1878 年）任少警部，获得勋五等旭日章。

明治十二年（1879 年）任权中警部。

明治十三年（1880 年）任二等警部补，位列从七位。

明治十四年（1881 年）任五等警视兼二等警察使。

明治十五年（1882 年）任大阪府警察部长（33 岁）。

山本正久（帝国大学毕业者）

安政五年（1858 年）在东京出生。

明治十一年（1878 年）东京大学法学科毕业。

同年作为司法省十五等出仕。

同年任判事补。

明治十三年（1880 年）于太政官四等属法务部就职。

同年升三等属。

明治十五年（1882 年）升二等属。

明治十六年（1883 年）升一等属。

明治十九年（1886 年）任长崎省书记官（第一部长）。

明治二十三年（1890 年）任福冈省参事官。

明治二十六年（1893 年）任鸟取县警察部长（36 岁[①]）。

明治二十七年（1894 年）任大分县警察部长。

明治十四年（1881 年），新设立的警察部长相当于奏任官的八等，月薪分为 80 日元、70 日元和 60 日元。明治三十三年（1900 年）改正后的《地方高等官俸给令》中，警察部长的年薪为一级 1600 日元、二级 1400 日元、三级 1200 日元。此外，京都、大阪、神奈川、兵库两府两县有 400 日元特别加俸，长崎、新潟、爱知、宫城、广岛、福冈、熊本七县有 200 日元特别加俸。

外交官、国会议员、高级官吏等精英公务员只有很少一部分人，但他们有一个坚定的共同目标，那就是建设一个不输于列强诸国的近代化国家，因此也是在日外国人最为关心的阶层。比戈一直怀有强烈的兴趣来描绘他们的生活。本章将围绕高级官吏进行介绍。

---

① 年龄均为虚岁。

◇ 外交官 ◇

图为可能在鹿鸣馆召开的外交官晚会，女性也身着洋装出席，也许是国内外外交官的友好交流会。

明治二十三年（1890 年）十月二十二日的《官报》上刊登了《外交官及领事馆官制》。其中，外交官是指特命全权公使（敕任）、弁理公使（敕任二等、奏任一等）、代理公使（奏任一等二等）、公使馆参事官（奏任一等二等）、公使馆书记官（奏任二等三等四等）、交际官试补（奏任五等六等）。同时，奏任了不属于外交官的外交事务官，可谓是精英团体。

《邮政通知报》于明治十七年（1884 年）三月八日报道称，曾任驻法外交官的铃木贯一（41 岁）因在任期间盗取超过 63 万法郎而接受公开审判。明治七年（1874 年），铃木在巴黎公使馆担任外务三等书记官，一人负责会计事务。能够接触到大量金钱的他不仅将公款借给日本留学生和熟人，自己也私自挪用。为防止事情败露，他进入白糖期货交易市场，但以失败告终，最终以盗窃并使用超过63万法郎的罪名被告。同年四月十日，东京重罪裁判所下达了轻度惩役 7 年的判决。

外交官们的晚会（帝国万岁）。

图 99　外交官

《大日本》明治二十五年（1892 年）左右

◇ 高级官吏（1） ◇

图为热海海岸边突然出现的海归父女。父亲的双筒望远镜、帽子、袜子、鞋子以及女儿的阳伞、帽子、袜子等应该都是海外带回的。女儿依然保持着穿和服走路时的内八字。这幅画是两幅连环画的后一幅，前一幅画的是父女二人因穿洋装在旅馆住宿时引发轰动，两人得意扬扬地开始说英语的场景。

在当时的东京，只有参加鹿鸣馆晚会的女性以及西餐厅的女侍者才会穿洋装，在热海海岸边出现的这名女性自然引发人们关注。月薪 80 日元说明年薪为 960 日元(应该还有其他奖金)。明治二十三年（1890 年）以后，国会议员的年薪为 800 日元，因此说明这名官员也是精英群体。当时的精英官员被称为“役人”，他们基本上都来自东京帝国大学的法学科。其毕业生无须考试便可被任用为试补。而且，他们的大学毕业考试成绩决定了他们的年薪。也就是说，平均分 86 分以上的人年薪 600 日元，80 分至 85 分年薪 550 日元，66 分至 79 分年薪 500 日元，及格线至 65 分年薪 450 日元。他们也被称为“役人学派”。

海岸边，新日本。1887 年 8 月热海，月薪 80 日元的官员和他的女儿。

他——白色法兰绒套装，黑色丝绸袜子。

她——全身粉色，灰色的丝绸阳伞。

二人都非常潇洒。

图 100　高级官吏（1）

《鸟羽绘》明治二十年（1887 年）八月三十一日第 14 期

◇ 高级官吏（2）◇

防暑遮阳帽和小胡子是高级官吏的象征。妻子披着披肩，儿子身着西服。最让他自豪的应该是儿子身上穿的从国外带回来的西服。儿子戴的帽子的顶端有流苏垂落下来，看上去十分时髦，上身是带有斜口的衣服，下身是短裤，这种童装在日本应该很难买到。这才是这位官员及其家人得意扬扬的原因。后方可以看见富士山，在当时的东京，站在任何一处高台都能看到。

那么，明治时期的官吏应当遵守什么规定呢？明治二十年（1887 年）七月二十九日发布的改正后的官吏服务纪律中的内容如下。第四条写道："官吏禁止泄露与自己职务相关或是从其他官吏处获知的信息，离开当前职位时同样如此。"第七条写道："官吏不得在未获得本机关长官的许可下担任营业公司的社长及董事。"第八条写道："官吏在获得外国君主及政府授予的勋章、赏赐、俸薪酬赠予时，需要天皇陛下的裁决。"第十条写道："所有职务长官都不得接受所属官吏的赠予。"此外，也禁止官员的妻子进行买卖。

出门炫耀的一家人。

图 101　高级官吏（2）

《大日本》明治二十五年（1892年）左右

◇ 高级官吏（3）◇

早在 120 年前，比戈就用这幅画记录了高尔夫应酬、车内提供酒菜服务的出租专车等官吏会面临的各类诱惑。中间的官吏说：“没错，刚才放的黄色烟花落在水里的声音和 bourse 一样。”左侧的官吏说：“你真懂啊。”

这里说的“bourse”是指“交易所问题”（bourse 意为“交易所”）。这一时期，股票交易所因其交易方式的优劣引发了激烈的讨论，以至于政府为此设立了调查委员会，是经济界的大问题。另外，明治二十年（1887 年）五月十四日公布的《交易所条例》的别称也由此词而来。

既然提到了交易所，这群人应该就是大藏省国债局或者银行局的官吏。连着几晚的应酬都是喝酒以及艺伎作陪，吸的烟草也是商人赠送的，这种应酬也称为“飨应”。明治政府的高层经常参加这种“飨应”。以明治十七年（1884 年）为例，就有“大迫警视总监招待东京府知事、书记官及各郡区长的午餐会（弥生会）”以及“大木文部卿招待有栖川宫、各参议及夫人的宴会（在自家连续举办两天）”等。鹿鸣馆的晚会也可以称为“大飨宴”。

执行公务的官员们。日本的上流阶层每晚都会参加规定内的小宴会，赏烟花，由艺伎作陪。

图 102　高级官吏（3）

《鸟羽绘》明治二十一年（1888 年）十月十五日第 41 期

◇ 高级官吏（4） ◇

本图与图 102 形成对比，描绘的应该是一名自费找艺伎作陪的高级官吏。也有可能是同来的下属都先回去了，他自己最后再喝一杯结账。无论哪种情况，由于他穿着工作服，应该是下班后直接过来的。为了助兴，他喊来艺伎表演歌舞，把酒言欢。接着便是离开时的仪式，客人颇有威严地正坐在上，招手让艺伎上前来，把小费递给对方。对于艺伎来说，这是最幸福的瞬间。

这位官吏有可能未婚，也有可能已经成家或妻子早逝，但看起来不像打算纳妾或者再婚。

有很多政治家和高级官吏都迎娶了花柳界的女性。比如，伊藤博文的第二任妻子小梅就曾是下关的艺伎，陆奥宗光的第二任妻子亮子是新桥的艺伎（士族之女），山县有朋的第二任妻子也是新桥的艺伎（日本桥大商人家的女儿）。在平均寿命 45 岁的明治时期，很多男子都比妻子先去世。在这样的时代，男性精英会选择在可以自由与女性交往的花柳界寻找目标，可能会找到一些没落士族家的女儿之类的“好女人”。

Le petit cadeau ou Le meilleur moment de la journée …………

给小费的时候是一天中最期盼的时刻……

图 103　高级官吏（4）

《东京艺伎的一天》明治二十四年（1891 年）

◇ 高级官吏（5）◇

图为一对夫妇在一起寻找出租的房子。砖结构的洋房主要面向在日本工作的外国人，因此租金极高。这名男子既然能够付得起租金，应该是高级官吏，他的小胡子就已经说明了他的身份。他的夫人束着发，披着时髦的披肩，穿着皮鞋，一副最流行的女性装扮。

图中的解说内容如下："新日本一对好夫妻。绅士：'想象力如蜃景，重建崩塌来来回回，一整年就这样忙忙碌碌，然后一辈子就结束了。'妻子：'外国人来拜访时就用香囊吧。听别人说说未曾去过的巴黎和伦敦，再告诉别人。'"

这段解说据说是中江兆民的高徒所写，从中我们可以了解到一些信息。高级官员升职后，住宅也要更新换代。之所以选择洋房，是因为他的身份需要招待外国人到家中。当然，他肯定有与之相应的住房补助。这栋出租房屋的信息应该也是他在工作时获知的。

想租借房屋，只有这栋房子是砖结构的。没错，我一个月的工资就要没了，不过也没办法，毕竟是我的义务。

图 104 高级官吏（5）

《鸟羽绘》明治二十一年（1888 年）四月一日第 28 期

◇ 国会议员（1）◇

图为东京日比谷的内幸町附近的场景。附近就是国会（临时议事堂，见《比戈看明治时期的日本》第 177 页），是国会议员们往来的地方。左边的人力车上坐的是贵族院议员，但一般来说贵族院议员是坐马车去国会，众议院议员坐人力车。右侧的两人中，左边的人应该是众议院议员，还带着放债人。对放债人来说，财力雄厚的国会议员可谓是他的大主顾。与每天往来宅邸和国会的贵族院议员相比,众议院议员明显气色要好。他可能正打算带着放债人尽情挥霍。

明治二十三年（1890 年）七月一日，众议院议员第一次总选举中选出了 300 名国会议员，分别为民党（立宪自由党、立宪改进党）174 人，政府系 126 人（包括 40 名原本是官吏的议员）。其中包括田中正造、河野广中、岛田三郎、中江笃介（兆民）、犬养毅、植木枝盛、末松谦澄、片冈健吉、津田真道等人。贵族院议员是由伯、子、男爵贵族院议员互选会的投票决定的 251 名议员，包括西园寺公望、伊藤博文、谷干城、青木周藏、西周、九鬼隆一、加藤弘之、岩崎弥之助、滨尾新等人。

在东京街头。

图 105　国会议员（1）

《日本人的生活》明治三十一年（1898 年）第 2 期

◇ 国会议员（2）[*] ◇

遭到青年活动家袭击的国会议员。

图 106　国会议员（2）

《小道消息》明治二十七年（1894 年）

* 此职业在原书中并无文字介绍。——编者注

第十章
掌控他人命运的富人
——中上层阶级

明治二年（1869 年）奉还版（土地）籍（人民）时，同时废除了公卿与诸侯，设立了全新的华族。华族包括以下几种出身的人：

（1）赐姓降下（由天皇赐予家名的皇族）。

（2）公卿华族、摄家（摄政、关白之家）、清华家（太政大臣、左右大臣、大将之家）、维新前建立的堂上公家（允许升殿且位列四位以上）。

（3）武家华族、德川宗家（将军家）、德川三家（尾张、纪伊、水户）、德川三卿（田安、一桥、清水）、大藩知事、中藩知事、小藩知事、武家大家一门、大家老等。

（4）奈良华族（僧侣）、大神社的神主、大寺院血脉相承的主持。

（5）分家华族。

（6）琉球相关的华族：琉球藩王、琉球藩王一族。

（7）新华族：南朝忠臣嫡流、维新的功臣、维新后国家授予勋功之人。

明治九年（1876 年）八月五日，政府制定了《金禄公债证书发行条例》，决定从明治十年（1877 年）起废除对华族和士族的家禄、典赏禄，改用公债来支付。这类似于一种切断与政府关系的退休金，金额低的人比金额高的人享有更有利的利率，但政府的总支出（将所有家禄改为金禄公债时的总额）1 亿 7463 万多日元中，有将近两成——3141 万多日元是分发给 519 名华族的（平均 6 万多日元），剩下八成则分给约 31 万士族（平均 460 多日元）。获得平均 6 万多日元公债的华族每年可获得 3000 多日元的利息收入（利率为 5%），再加上购买士族获得的少量公债证书〔明治十一年（1878 年）起可自由买卖〕，他们便以此为本金成为资本家，或者通过购买土地成为地主。

士族之中，也有 1.5 万名上中级士族获得了 1600 日元左右的公债。有人接受政府提供的创业资金贷款，创办实业，比如做牛奶商，办活版印刷所，甚至有人开设了大规模的缫丝工厂。但大部分创业都以失败告终，因此有人批判其为“士族的商法”。

金禄公债的交付到明治十二年（1879 年）大体上结束。之后荣升为华族的人，也就是新华族将会获得下赐金。明治二十年（1887 年）时，伯爵获得 3 万日元，子爵获得 2 万日元，男爵获得 1 万日元。政府共支出 87 万日元。另外，明治十二年（1879

年）时，政府向旧琉球王支付了 20 万日元的金禄公债证书。

华族和士族的刑罚也与平民有所区别。明治六年（1873 年）七月实施的新刑法（《改定律例》）中，华族可以通过支付金钱来免除较轻的罪行。平民犯下对应惩役刑的罪行也要接受禁锢刑。从这一点可以看出，华族与士族属于特权阶级。

华族之所以是特权阶级，除了体现在经济上的优待以及社会特权，还体现在他们被授予的高官职位。华族依据爵位高低可以获得相应官位及特权，公爵可获得从一位官位，侯爵可获得正二位官位，伯爵可获得从二位官位，子爵可获得正三位官位，男爵可获得从四位官位。其中，最有代表性的特权是可以获得参政的权利。所有 25 岁以上的公爵与侯爵、经过互选后的 25 岁以上的伯爵与子爵，可成为当时尚未解散的贵族院议员，获得相关的参政地位。公爵与侯爵的任期为终身制，伯爵与子爵的任期为 7 年。

◇ 高利贷商人 ◇

图中描绘的男子在深冬季节头戴有耳罩的帽子，身披斗篷，手持厚油纸雨伞和皮包。这就是比戈眼中的高利贷商人。包里肯定满满地装着收回来的钱以及即将借出去的钱。“十一”（十天收取一成利息）规矩自然包括在内，对于一直不还款的客人他还要收取滞延利息，一副非常冷酷无情的模样。

《国民新闻》于明治二十七年（1894 年）八月十日以《吸取贫民之血的高利贷之恶》为题刊登了报道：“高利贷的残酷时有耳闻，本因解散之令而暂时销声匿迹的广岛同爱舍如今正掩人耳目，潜入东京各处贫民窟，暗中放 1 日元、2 日元的高利贷吸贫民的血。每借 1 日元，每天就要支付 3 钱利息。对于无法偿还的人，他们要么恐吓对方扣押财产，要么哄骗其将儿女送至茶馆做工，实则带至上州附近卖入妓院。为了不让他们找到儿女，还在饮食中做手脚。希望此事可以引起警戒。”高利贷商人可谓是明治时期的黑市商人。

Sale Bourgeois – not civilised – attend le tramway.

令人讨厌的资本家——还没有西化——正在等铁路马车。

图 107　高利贷商人

《大日本》明治二十五年（1892 年）左右

◇ 大僧正 ◇

图为在新桥至横滨的火车上出现的僧侣一行人。比戈不假思索地将他们的服饰装束用笔记录了下来。从威严气势和同行者的态度中可以看出，僧侣中有一位位高权重的大僧正。解说部分进行了详细的说明。

明治五年（1872 年），京都六大寺（东本愿寺、西本愿寺、兴正寺、佛光寺、锦织寺、专修寺）出现在华族之列。神职与僧职中的华族有 2 名伯爵（东本愿寺的大谷光莹和西本愿寺的大谷光尊）以及 18 名男爵，共 20 人。

进入明治时期后，“废佛毁释”运动愈演愈烈，新政府由于优先神道的考量对佛教界的态度摇摆不定。在这样的情况下，明治十六年（1883 年）时，大谷派东本愿寺出现了改革派和守旧派的对立，发生了需要岩仓具视、井上馨等政府要人仲裁收场的严重事件。然而，两派的对立态势之后再度出现。

在这样的时期，比戈将他眼中缺乏自信、满腹苦恼的大僧正描绘了下来。就在同一时期，基督教正渗入士族，并开始用日本传教士代替外国传教士进行传教。

大司教猊下[①]。

图 108　大僧正

《鸟羽绘》明治二十三年（1890 年）三月十五日第 51 期

① 教派领袖敬称。——编者注

◇ 贵族（1） ◇

图中穿着正式礼服的男子是一名贵族外交官，他在图 96 中出现过，应该是子爵级别的华族。武家出身的子爵有 222 人，但成为外交官的就比较有限了，比如当时任外务次官的旧岸和田藩主冈部长职。正月元日有外务省的年初活动，需要四处拜访，参加晚餐会，如此繁忙的一天就从整理仪容开始。夫人刷完最后一下后终于可以出发。他在家里就穿好了皮鞋。

画集《正月元日》描绘了平民、士兵、商人、官吏、外国人甚至贵族等各个阶层在正月元日的活动。共 31 幅图中，有 7 幅是在这名子爵家中所绘。出门、参加与各国外交官的晚餐会、回家与一家人共进晚餐后醉倒，连他喝醉后的丑态都有所描绘。不过，比戈能够出入华族的家中，进行如此近距离的取材，不得不让人惊异于他的探究之心。阅读比戈画集的人都是居留地的外国人以及前来旅行的外国人，为了满足他们对于贵族真实生活状况的好奇心，比戈展现了他作为记者的职业素养，使出了浑身解数进行采访。

再刷最后一下……

图 109　贵族（1）

《正月元日》明治二十三年（1890 年）

◇ 贵族（2） ◇

对于习惯穿分趾袜和草鞋的日本人来说，没有比皮鞋更让人受约束的东西了。在鹿鸣馆参加舞会和晚会的日本人在休息时首先要做的事就是脱鞋。这对从鹿鸣馆回家后的华族夫妇在归途的马车上就立刻脱了鞋。穿束腰礼服裙的女性受到的压迫感应该也让人非常痛苦。从皮鞋、袜子、礼服裙中解放出来时，反而有种异常的舒爽感觉吧。

贵妇人们不仅要穿礼服裙，还要练习舞蹈。明治十七年（1884 年）十月至次年六月，共有 70 余名女性参加了鹿鸣馆舞蹈练习会。这名女性应该也参与了舞蹈练习。由于会跳舞的女性不足，新桥、柳桥、芳町的艺伎也另行接受了意大利教师的培训〔《东京横滨每日新闻》明治十八年（1885 年）十一月十二日报道〕。

由于国粹思想抬头，反对过度欧化政策，总理大臣官邸、滨离宫内的延辽馆、鹿鸣馆等地召开的舞会也在明治二十一年（1888 年）后势头渐弱。

日本的上流阶级，晚会的归途。“喂，你的鞋子。”

图110　贵族（2）

《鸟羽绘》明治二十一年（1888年）十二月十五日第45期

◇僧　侣*◇

LE POTIN

Types japonais gare de Shimbashi

新桥站各式各样的日本人。

图 111　僧侣

《小道消息》明治二十七年（1894 年）第 3 期

---

* 此职业在原书中并无文字介绍。——编者注

比戈笔下的大阪川口居留地

1858 年（安政五年），日本与美国、荷兰、俄国、英国、法国签订修好通商条约（安政五国条约），规定了通商口岸和开放城市，前往日本的外国人可以在通商口岸的居留地内居住。1859 年 7 月 1 日，开放长崎、横滨和箱馆。1868 年 1 月 1 日，开放神户和大阪。1869 年 1 月 1 日，开放江户和新潟，并在新潟以外的地区设居留地。

大阪于 1868 年 1 月 1 日（庆应三年十二月七日）成为开放城市，同年 9 月 1 日改为通商口岸，在木津川与安治川的交界处设居留地，由此川口居留地诞生。

川口居留地与神户的居留地相同，根据《大阪兵库外国人居留地约定书》设置了大阪居留地会议，实施居留地自治。

在大阪和神户，为避免居留地会议与各国领事发生冲突，领事也会成为居留地会议的议员。除借地人之外，所有登记的居留民都有选举权。

1869 年 5 月，大阪居留地第一次会议召开并选出委员。同年，警察委员会和揭露清扫委员会设立。明治三十二年（1899 年）废除居留地之前，只有大阪和神户一直维持着居留地自治。

1888年（明治二十一年），横滨的居留地人口最多（欧美居民1527人），其余依次为神户、长崎、东京、大阪、箱馆，川口居留地的人口还不到东京筑地居留地的一半。川口居留地的欧美居民人口在1887年（明治二十年）达到最多的86名，在其32年的历史中，平均每年有50—60位欧美居民。起初居住在这里的是商人，由于商贸环境不景气，他们渐渐都转移到了神户，后来便是传教士在这里居住。

进入19世纪80年代，传教士租借了居留地一半的土地，居留地会议的委员也大部分都是传教士。后来，他们建设了教会、教会学校、教会经营的医院。梅花女子大学便是于1878年（明治十一年）在这里建校的。

1893年（明治二十六年），住在京都的比戈来到了川口居留地和神户居留地。住在横滨的英国人韦格曼曾去过神户，但在川口居留地绘画的外国漫画家极为少见。

比戈在1891年（明治二十四年）出版的《横滨闲话》第1卷第10期中刊载了这些作品，一共8幅图（图112至图119），内容分为联合俱乐部、居留地会议、警察的行动3个主题。

联合俱乐部（图112）是1889年（明治二十二年）左右开设的社交场所，居留民可以在此用餐（图114）、开会（图115）、打桌球（图116）。从图113中可以看出，客人最关心的是日本厨师的手艺。解说中提到，“大家都非常注意和他保持

*Les abords de l'Union Club sont gardés par la police de la concession
l'homme de garde est chargé de dissiper les rassemblements..........*

大阪联合俱乐部附近由警察守护。警卫正应命令驱散人群。

图 112

Le chef de l'Union Club (On a tout intérêt à se mettre bien avec lui.)

联合俱乐部的厨师。

图 113

Great attraction du dimanche qui consiste à essayer de casser une bouteille vide sur le plancher, la bouteille résiste mais le parquet s'en ressent..........

向地板上摔空瓶是周日的一大活动，摔了瓶子地板也没有什么变化。

图 114

大阪联合俱乐部居留地会议的集会。“各位，我再次提议更换路灯的玻璃，并希望予以投票表决……是必须更换还是待定……”

图 115

友好的关系”，说明饮食是居留民最关心的事情。

图 115 取材于联合俱乐部的居留地会议。由于出席者只有 2 人，没有达到规定人数（5 人），会议取消。

此外，1894 年比戈前来的那段时间，与联合俱乐部有关的人包括在联合俱乐部工作（1891—1895 年）的巴格利（M. Baggallay）以及联合俱乐部名誉书记贝克尔（E. Becker）等。

由地税和警察税资助的居留地会议将其 60% 的收入用于警察费，说明生活安全是他们最重要的事情。比戈来时，川口居留

Le chien du Club, animal très intelligent marque les points des joueurs. pendant que le personnel lave la vaisselle ....

俱乐部的狗非常聪明，立刻就能展示出比赛者的得分。

图 116

地雇用了沃尔特·洛克斯顿（Walter Loxton）警部和 4 名日本警察。

图 117 为洛克斯顿警部正在对 4 名警察进行阅兵。图 118 描绘了洛克斯顿警部与 4 名警察在居留地内巡逻的情景。洛克斯顿警部是英国人。根据堀田晓生和西口忠共同编写的《大阪川口居留地的研究》（文思阁于 1995 年出版），他的住址为居留地 34 番地（1893—1998 年），担任过居留地会议委员长（1885—1898 年）、联合俱乐部名誉书记（1889—1890 年）、消防队书记兼会计（1890—1898 年）、仓库管理员（1889—1896 年）、外国人警部（1885—1899 年）等职位。

图 119 描绘了冷清的居留地中，一名推着双人婴儿车的犹太男子偶然路过的情景。解说写道：“要生养众多。”（选自《圣经·旧约》）。

Le superintendant de la police d'Osaka passant ses 4 hommes en revue .....

图 117

Le superintendant de la police et ses hommes défilant devant la colonie étrangère d'Osaka.....

图 118

Croissez et multipliez vous......

图 119①

① 图 117 至图 119 原书并无图说。——编者注

记录下大阪川口居留地的绘画只有长谷川小信的开化锦绘等极少数作品，但几乎没有描绘外国人生活景象的。在这一点上，来访此地的唯一外国人漫画家比戈的作品便极为珍贵。

明治时期出现的近代职业年表

年　份	出　现　的　职　业
明治元年（1868年）	**牛肉火锅店经营者**：东京高轮的“中川屋”开始营业。
二年（1869年）	**巡警**：从诸藩的士兵中选出的府兵或区兵担任东京府内的警卫。 **冰淇淋店经营者**：横滨马车道大道上出现“冰淇淋”生产销售商。 **华族**：诸藩奉还版籍后，任命274名藩知事。公卿与诸侯改称为华族。 **电报局职员**：东京与横滨之间的电报开通。
三年（1870年）	**制鞋业从业者**：西村胜三在筑地建立制鞋工厂。 **人力车夫**：和泉要助发明人力车。东京府允许。
四年（1871年）	**军人**：在东京设置亲兵（之后的近卫兵）。 **邮递员**：开始提供东京至京都、至大阪的邮政服务（发售邮票，禁止民间的飞脚传输）。 **西式理发店**：东京常磐桥门外出现西式理发店。
五年（1872年）	**车站站长**：新桥站、樱木町站出现站长。
六年（1873年）	**公共马车的车夫和乘务长**：第一辆由日本人经营的公共马车开始在京都与大阪之间运营。 **大学教授**：太政官令确定大学讲师的职位名称。

（续　表）

年　份	出　现　的　职　业
七年（1874 年）	**牛奶销售商**：东京四谷的“四谷轩”开始经营牧场和商店。
八年（1875 年）	**屯田兵**：第一批屯田兵入驻札幌市郊外琴似村。 **牙医**：小幡英之助成为第一位获得执照的人。
九年（1876 年）	**辩护人**：出现持执照的辩护人（律师）。
十年（1877 年）	**乌冬面摊摊主**：在东京深川出现。 **随军勤杂工**：西南战争爆发时政府雇用随军勤杂工。
十一年（1878 年）	**外国人专用酒店经营者**：山口仙之助开始在箱根运营富士屋酒店。 **勋章制造业从业者**：神田松宫町的梅野盛寿开始接受定做勋章的订单。
十二年（1879 年）	**女教师**：东京女子师范学校第一批 15 名毕业生毕业。 **府会议员**：东京第一次区议会议员选举举办。
十三年（1880 年）	**车票制人力车夫**：新桥站内出现以明码标价为卖点的车票制人力车夫。 **大学院生**：东京大学法、理、文 3 个学部设学士研究科。

（续　表）

年　份	出　现　的　职　业
十四年（1881 年）	**家庭牛奶送货员**：东京出现了向家庭配送牛奶的牛奶店。 **宪兵**：《宪兵条例》制定，首先在东京出现。 **生命保险销售商**：日本第一家生命保险公司——明治生命保险公司开业。
十五年（1882 年）	**轨道马车的车夫和乘务长**：东京出现轨道马车。 **动物园园长**：上野公园内，日本第一家动物园开园。
十六年（1883 年）	**使用理发推剪的理发师**：鸟海定吉首次使用日本驻巴黎公使馆馆员带回的理发推剪。
十七年（1884 年）	**天气预报员**：东京气象台的天气预报员根据信息开始向警视厅和巡警派出所发布天气预报。
十八年（1885 年）	**总理大臣**：内阁制度确立。 **女医生**：荻野吟子通过医术开业考试，成为日本首位女医生。 **车站盒饭商贩**：宇都宫站出现了包括饭团和腌萝卜干的车站盒饭（5 钱）。
十九年（1886 年）	**咖啡店经营者**：“洗愁亭”在日本桥小网町开业。 **教科书检定官**：文部省公布《教科用图书检定条例》，开始实行

（续 表）

年 份	出 现 的 职 业
	小学、中学、师范学校等各学校教科书的检定制度。
二十年（1887 年）	**西装女侍者**：西餐厅“小吾妻”开业（比戈在《鸟羽绘》第 3 期中描绘过）。 **乳品店经营者**：“千里轩”在银座开业。 **日本红十字会会员**：日本政府于明治十九年（1886 年）加入《日内瓦公约》。博爱社于 1887 年改名为日本红十字会。
二十一年（1888 年）	**火灾保险销售商**：东京火灾保险公司开始营业。 **特许审查官**：特许条例公布。
二十二年（1889 年）	**自行车租赁店经营者**：自行车租赁店的数量在大阪和神户急剧增加，时价 1 小时 5 钱。
二十三年（1890 年）	**国会议员**：第一次总选举中选出 300 名国会议员。 **国会卫兵**：国会成立后，在第一次通常议会中出现。 **电话接线员**：递信省招聘 9 名女性电话接线员任东京电话局要员。
二十四年（1891 年）	**牛肉盖浇饭店经营者**：东京出现挂着“一碗一钱”灯笼的牛肉盖浇饭店。 **产院**：佐伯理一郎在京都设立第一家产院。

（续　表）

年　份	出　现　的　职　业
二十六年（1893 年）	**养殖珍珠制造商**：御木本幸吉成功养殖半圆形珍珠。
二十七年（1894 年）	**职业号外销售人**：东学党起义后，号外的发行数量急剧增加，职业的号外销售人也突增。
二十八年（1895 年）	**电车驾驶员**：京都首次出现市内电车。 **炸肉排店经营者**：炸肉排店“炼瓦亭”在银座开业，大受欢迎。
二十九年（1896 年）	**人力铁路车夫**：雨宫敬次郎在小田原至热海间铺设了 3 小时路程的人力铁路，由 3 名人力车夫交替拉动 8 人客车。
三十年（1897 年）	**外国人监狱看守**：外国人专用监狱在巢鸭开放使用。
三十一年（1898 年）	**列车乘务员**：山阳铁路上首次出现列车乘务员。 **女性记者**：羽仁友子进入报知新闻社工作。
三十二年（1899 年）	**啤酒店经营者**：日本麦酒公司第一家啤酒店在新桥开业。 **留声机专卖店经营者**：“三光堂”在浅草开业。
三十三年（1900 年）	**国铁首名女性职员**：新桥站雇用了 10 名 14—35 岁的女性职员，日薪 15 钱。

（续　表）

年　份	出　现　的　职　业
三十四年（1901年）	**资产家**：《时事新闻报》八月二十二日刊登了全国资产在50万日元以上的资产家441人。
三十五年（1902年）	**剩饭店经营者**：东京入谷的西山龙之助开始从日本桥及京桥附近的盒饭店购买剩饭剩菜，再向贫民窟出售。
三十六年（1903年）	**电影院经营者**：浅草第一家常设活动写真馆“电气馆”开业。 **高尔夫球场经营者**：六甲山举办神户高尔夫俱乐部开业仪式。
三十七年（1904年）	**随军摄影师**：东京神田的“锦辉馆”公开了日俄战争纪录片的第一部，由吉泽商店派遣的摄影师拍摄，大受好评。
三十八年（1905年）	**漫画家**：带动《东京PUCK》销量的北泽乐天自称“漫画师”。 **美容师**：远藤波津子的远藤理容馆在东京京桥（现在银座七丁目）开业。
三十九年（1906年）	**救世军的社会事业从事者**：东京的救世军本部为救济失业者提供免费住宿及职业介绍。
四十年（1907年）	**百货商场的食堂员工**：出现在东京三越吴服店的食堂。

（续　表）

年　份	出　现　的　职　业
四十一年（1908 年）	**高等妓女**：夏日夜晚 9—10 点出没于市内电车车内招揽客人，主要目标是银行职员、公司职员和中国清朝留学生。年龄在 18—23 岁。
四十二年（1909 年）	**使用橡胶车轮的人力车夫**：改为橡胶车轮后租金上涨，因借车经营而失业的车夫增加。
四十三年（1910 年）	**飞行员**：日野熊藏大尉在代代木练兵场首次驾驶 Grade 单翼飞机飞行成功（高度 10 米，距离 60 米）。
四十四年（1911 年）	**公设职业介绍所职员**：东京浅草和芝出现职业介绍所。
四十五年（1912 年）	**出租车驾驶员**：出租车公司开始运营，在有乐町本社配车 1 辆、新桥站配车 3 辆、上野站配车 2 辆。

参考文献

木村舍三．江户行商群像图鉴 [M]. 东京：近世风俗研究会，1957.

森末义彰，日野西资孝．风俗词典 [M]. 坂本太郎，监修．东京：东京堂出版，1957.

至文堂编辑部．明治事物起源事典 [M]. 东京：至文堂，1968.

石桥长英，小川鼎三．被雇用的外国人 9：医学 [M]. 东京：鹿岛研究所出版会，1969.

朝仓智彦．明治官制辞典 [M]. 东京：东京堂出版，1969.

朝仓智彦，等．事物起源辞典 [M]. 东京：东京堂出版，1970.

中野荣三．新版红灯区的生活 [M]. 东京：雄山阁，1972.

冈忠郎．明治时期警察的生活 [M]. 东京：雄山阁，1974.

高桥雄豺．明治时期的警察部长 [M]. 东京：良书普及会，1976.

加藤秀俊．明治、大正、昭和食生活世相史 [M]. 东京：柴田书店，1977.

村上信彦．明治女性史：全四卷 [M]. 东京：讲谈社，1977.

清水勋．明治的讽刺画家比戈 [M]. 东京：新潮社，1978.

山本武利．近代日本的报纸读者层 [M]. 东京：法政大学出版局，1981.

佚名．一亿人的昭和史：日本人 1：三代的女性上：明治·大正篇 [M]. 东京：每日新闻社，1981.

中山泰昌．新闻集成明治编年史：全十五卷 [M]. 东京：本邦书籍，1982.

严崎尔郎．物价的世相 100 年 [M]. 东京：读卖新闻社，1982.

芳贺登．近代日本的女性 [M]. 东京：日本放送出版协会，1983.

小木新造，等．江户东京学事典 [M]. 东京：三省堂，1987.

芳贺彻，酒井忠康，川本皓嗣，清水勋．比戈素描集：全三卷 [M]. 东京：岩波书店，1989.

斋藤俊彦 . 辙的文化史 [M]. 东京：钻石社， 1992.
外务省外交史料馆，日本外交史辞典编纂委员会 . 新版日本外交史辞典 [M]. 东京：山川出版社，1992.
高桥干夫 . 江户经商图谱 [M]. 东京：青蛙房，1993.
清水勋 . 近代日本漫画百选 [M]. 东京：岩波书店，1997.
石上英一，等 . 岩波日本史辞典 [M]. 永原庆二，监修 . 东京：岩波书店，1999.
岩波书店编辑部 . 近代日本综合年表：第四版 [M]. 东京：岩波书店，2001.
宫地正人，佐佐木隆，木下直之 . 开阔视野明治时代馆 [M]. 铃木淳，监修 . 东京：小学馆，2005.
大谷正 . 士兵与随军勤杂工的中日甲午战争 [M]. 东京：有志舍，2006.
吉川弘文馆编辑部 . 近代史指南 [M]. 东京：吉川弘文馆，2007.
鬼头宏 . 图说：从人口看日本史 [M]. 东京：PHP 研究所，2007.